パワーアートを見るだけで
心・体の不調が整い、運気が上がる!

奇跡のクスリ絵BOOK

医学博士
丸山修寛
NOBUHIRO MARUYAMA

日本文芸社

Prologue

あなたの中に眠る女神を目覚めさせる奇跡の「クスリ絵」

クスリ絵を初めて見たとき、どんな印象を持ちましたか？
なぜか目に止まり、気になってしまうデザインはありましたか？

クスリ絵は見た目の美しさだけでなく、色や形が持つ不思議な力を取り入れ、生命エネルギーを高めてくれる絵柄です。
絵に用いた色や形には意味があり、気の流れをよくするなど、薬とは違った効果をもたらしてくれます。
「なぜ絵を見るだけで病気に効果があるのか？」と思う人もいらっしゃるでしょう。
私は日ごろ、仙台の地で、医師としてアレルギー関連や生活習慣病、がんなど多くの患者さんを診ています。そこでは現代医学だけでなく、漢方や気功など東洋医学なども併用します。それはあらゆる治療法にはそれぞれに意味があると考えているからです。
しかし、なかにはどのような治療を行っても改善しない患者さんもいらっしゃいます。医師として私はどうしたらよいのか、何か別のアプローチがないものか……と必死に考えていたある日、

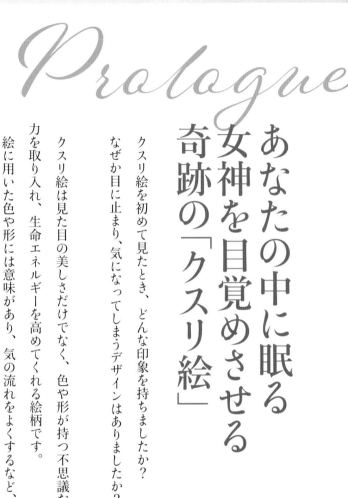

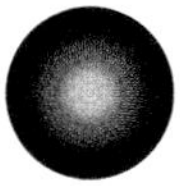
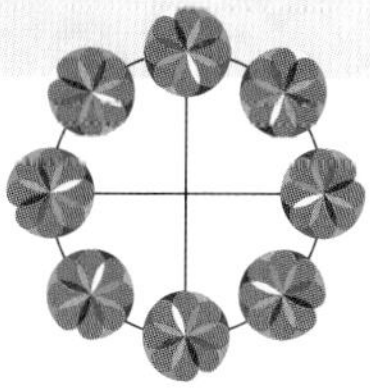

末期がん治療の第一人者である横内正典《よこうちまさのり》先生から、色の波長を活かした「色彩治療」を教えていただいたのです。

さらに、形や模様、数字の持つ力にも着目し、治療に有効だと思われる概念やアプローチを組み合わせて検証を重ね、心と体を癒やしてくれるクスリ絵の開発にたどりつきました。

2018年からは私の渾身の作品であるクスリ絵を多くの方に知ってほしいという願いから、書籍として公開していますが、ふと新しい絵柄が浮かんだり、新たな活用法が見つかれば積極的に取り入れており、クスリ絵制作は常に進化し続けています。

そうして今思うことは、病気を治すためには体だけでなく、心の奥にあるトラウマや潜在意識、人を取り巻く生命場であるエネルギー空間にまで目を向ける必要があるということです。

クスリ絵はそうした目に見えない領域にも非常に大きな効果をもたらします。そうして一人ひとりの中にある神のごとく神聖な、女神のような領域を目覚めさせてくれるのです。

しかも使い方は、「見たり」「触れたり」「体に貼ったり」するだけです。ぜひクスリ絵の導きに身を委《ゆだ》ねてみてください。

あなたが、自分に合うベストなクスリ絵と出合え、あなたの健康づくりの一助になればこれほどうれしいことはありません。

丸山修寛

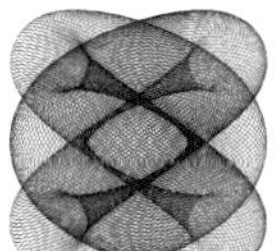
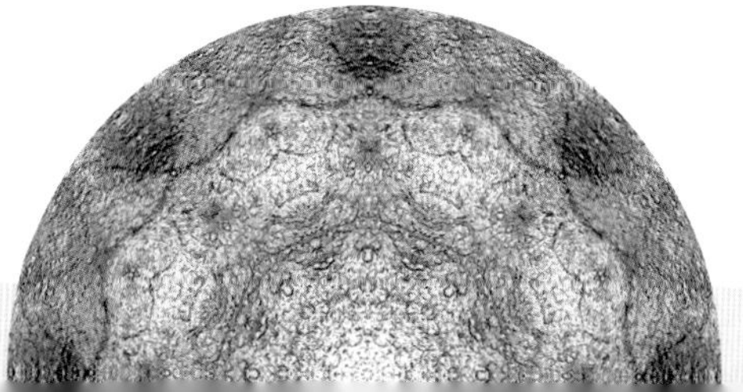
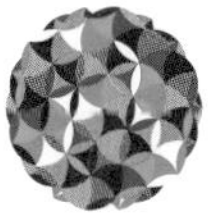

Contents

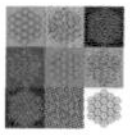

Part 3 美しさと幸運を引き寄せるためのクスリ絵

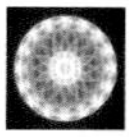

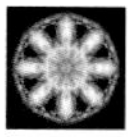

Part 4　豊かな毎日を送るためのクスリ絵

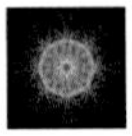
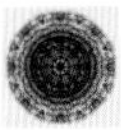
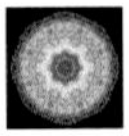
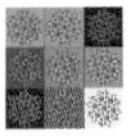
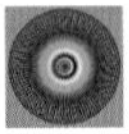

※クスリ絵の効果には個人差があります。また、本書の内容は医師である丸山修寛の私見や経験に基づくものであり、その効果や解釈については、読者各位の責任においてご活用ください。

Part 1

色と形のパワーで奇跡を呼ぶクスリ絵

医師である丸山修寛がつくり上げた生命エネルギーを整え、
人を元気にするアート“クスリ絵”。
25年に及ぶ臨床実績に基づき、本書にて厳選したものを紹介します。
奇跡のようなパワーが色や形、数字には備わっているのです。

生命エネルギーを整えるクスリ絵

薬以上のパワーを持つ

✳苦しむ人を助けたいという思いから

幻想的で色鮮やかなクスリ絵に、思わず見とれてしまうでしょう。しかし、そこには表面的な美しさを超えた奥深いパワーが秘められています。

クスリ絵の開発には、医師として私が抱えていた思いがもとになっています。それは患者さんと向き合う中で、**現代医学を使っても病気が治りにくい人、これ以上、薬を飲みたくないと思い悩む人に対し、どうすればもっと手助けができるのかという思い**からです。

現代医学を否定するわけではありませんが、昨今、さまざまな要因が絡み合い、病気そのものが治りにくくなっています。また、強い薬にはそれだけの副作用が伴います。

そこで私は、薬とは違う効果があり、しかも副作用がなく、なるべくお金もかからなくてすむような方法はないものかと、考えました。そのような中で出会ったのが、末期がん治療の第一人者である横内正典《よこうちまさのり》先生でした。漢方治療から電磁波対策まで幅広い治療法を手がける横内先生から教わったことがきっかけで、**色の持つ波長を応用して病気まで治すことができる「色彩治療」**を学ぶことになりました。

✳心身だけでなく運気もアップ

クスリ絵は色の持つ作用だけでなく、**〝形〟の持つパワーにも着目**して完成させました。

最初に考案したのは十字架と真言密教《しんごんみっきょう》の梵《ぼん》字《じ》(古代インド由来の文字体系)を組み合わせたものです。最初のころは、効果の検証のために患者さんにご協力いただいても10人に2人くらいしかよい結果が得られず、それも軽い症状にしか効果がありませんでした。

それでも諦めずに試行錯誤をくり返したところ、２０１７年12月に完成したＤＮＡのアップグレードを目的にしたクスリ絵の試作品で、予想を遥かに超える効果が見られたのです。患者さんの背中に貼ると、冬にもかかわらず「熱い」と言う人もいて、その即効性に私自身も驚くほどでした。完成したすべてのクスリ絵は、手の指を使って行うO-リングテストによって効果を判定し、多くの患者さんにご協力いただき、検証をしています。

そうして**クスリ絵の効き目を確信できるようになると、不思議なことにその効果は体だけでなく精神面にも影響をもたらす**ことがわかり、さらには**金運や恋愛運などといった〝運気〟をも高めてくれた**のです。

最もポピュラーな神聖幾何学模様

「フラワー・オブ・ライフ」

生命の根源、宇宙の法則、森羅万象を古来より表す、代表的な模様のひとつです。

まさに万能とも言える効果が、なぜもたらされるのでしょうか。

私たちの体のまわりには、目に見えない生命場（ライフフィールド）が取り巻いています。オーラと言ったらおわかりいただけるでしょうか。**クスリ絵はこの生命場そのものに働きかけ、生命エネルギーを整えてくれる**のです。

✳生命場に働きかけて全身をよくする

「生命場とはいったいどんなものなのか？」と言う人は、卵をイメージしていただくとよいかもしれません。

卵の殻を割ると、白身に包まれた黄身があります。私たちが自分だと思っているのはこの黄身の部分にすぎず、実は白身も含めた全体が生命場だと考えてみるとよいでしょう。

病気を治そうとして薬を飲むと体だけに働きますが、クスリ絵は体を包む生命場全体に影響を与えます。そしてエネルギー全体の流れを一瞬でよくしてくれるのです。

そして**私たちが本来持っている自然治癒力を高めることで不調を改善します。さらに潜在能力まで引き出して、願った以上の幸運をもたらしてくれる**のです。

形に秘められた神秘

美しい形にはパワーが宿る

✳ 自然界はさまざまな形で満ちている

クスリ絵にはさまざまな形や模様が用いられています。**パワーのある形には、一定の特徴が見られることがわかった**からです。

例えば、誰もが美しいと感じる図形がそうです。渦巻きや螺《ら》旋《せん》、回転や集中・放射するような動きを示す形、無限のマークにも似たメビウスの輪の形などがあります。さらに自然界に見られる形状、黄金比を持つ形や流線型、シンメトリー（線〈左右〉対称）、点対称、相似形などバランスの整った形、さらに不可能図形のひとつとされるペンローズの三角形など、リズムを感じさせる形なども同じです。

そのほか、真言密教で用いられるマンダラ、星形の五《ご》芒《ぼう》星《せい》、正三角形を二つ重ねた六芒星などは宗教的なシンボルとして使われますが、パワーゆえに神聖な象徴とされたり、魔除けや厄除けとして用いられるのでしょう。

また、神聖《しんせい》幾《き》何《か》学《がく》と呼ばれる図形は、自然界のあらゆるものの基準となる模様です。なかでも有名な「フラワー・オブ・ライフ（以下、ＦＯＬ・９ページ）」の図形は、地域を問わず、中国、インド、エジプト、トルコ、イタリアなどの古代遺跡や文化の中にも見出すことができます。これは形あるものの源であり、すべての生命が持つ創造のパターンを表しています。宇宙に存在するすべての形を生み出す根源とされるＦＯＬを、私は多数のクスリ絵制作に用いています。

✳ 心身をパワフルに整えるカタカムナ

文字にもパワーを持つものがあります。

多くのクスリ絵に応用されている「カタカムナ」は、１万２０００年以上前の上古代の時代に存在したとされる文字。カタカムナ文字は、いわゆる神《じん》代《だい》文字のひとつです。円と直線だけでできていて、文字というより記号や図形のようにも見えるでしょう。カタカムナを発見したのは日本人の科学者、楢崎《ならさき》皐月《さつき》です。彼が書き写したというカタカムナの文献には「カタカムナウタヒ」と呼ばれる和歌のようなフレーズがあり、すべて中心から右回りの螺旋状になって示されています。

　カタカムナ文字からは、我々が生きる4次元を超える高次元空間（24ページ）とつながるエネルギーが放たれています。そのため、物質を構成する最小の単位である素粒子のレベルで体が癒やされ、病気からも解放され、健康な体を取り戻すことができるのではないかと私は考えています。そこからさらに潜在能力を強化するパワーも出ているのではないかと思っています。

　この素晴らしいパワーを活用しない手はありません。そこで開発したのが、本書では紹介できていませんが、数多くのクスリ絵の中でも「カタカムナクスリ絵」です。ぜひ私の既刊本も手にとってみてください。

クスリ絵に使われている美しい形たち

マンダラ

マンダラ（曼陀羅）は、サンスクリット語で「本質を有するもの」という意味があります。

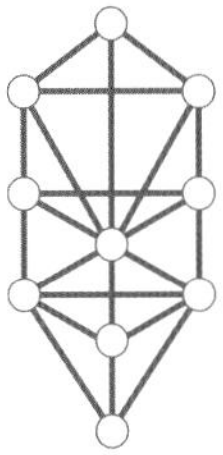

生命の樹

宇宙万物の象徴図。古代ユダヤのカバラ神秘学の代表的な図でもあります。クスリ絵制作の核に。

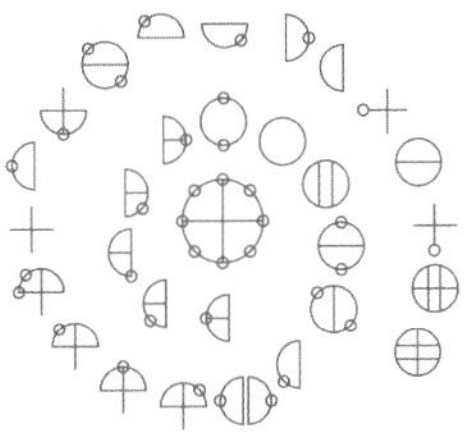

カタカムナ

カタカムナ人が使っていた、線と円から成る文字。現代のカタカナのもとになったとされています。

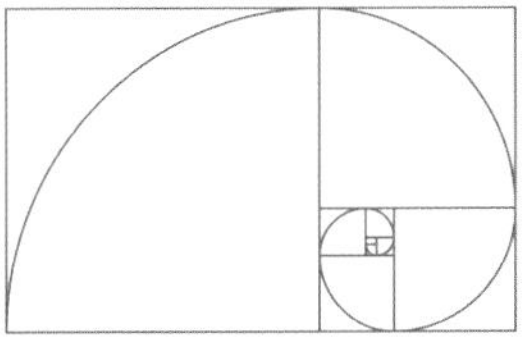

黄金比

数々の芸術や建築にも活用される、人が最も美しいと感じる比率（1：1.618…）です。

五芒星

5つの角を持つ星型の多角形。精神を安定させる働きを持っており、魔除けなどに使われます。

太極

中国の易学における万物の生ずる、宇宙の根源。「陰」と「陽」の2つから成っています。

不調を消して健康に

痛みや病気に効くクスリ絵

一般的に人が病気になる原因には、過労やストレス、睡眠不足、暴飲暴食、電磁波などの影響があるとされています。しかし、私が見るところによれば、先にも挙げた体の周囲を取り囲む、生命場に問題が生じていることが多いのです。

病気を根本から治すには、目に見える肉体だけでなく、目には見えない生命場を整えることが必要だと言えます。

私たちは、水や食べ物を摂ることで、そこからエネルギーを生成して生きているだけではありません。肉体を包む生命場から大気(天)や大地(地)に存在する気や、プラーナと呼ばれる生命エネルギーを取り入れ、それを共振させて、体を維持しているのです。

クスリ絵は、私たちの体を成り立たせている生命場に働きかけて、生命エネルギーを満たしてくれるため、さまざまな効果を得ることができます。病気を治す力、すなわち自然

✳ 素粒子のレベルから健康になる

クスリ絵を見たり、手で触れたりすると、病気や不調が改善することがあります。背中や不調のある部位などに貼ると、トラブルの改善や機能の回復に役立ちます。

なぜ一枚の絵によって痛みが消えたり、気持ちが癒やされるのでしょうか。

生命場に働きかけるクスリ絵

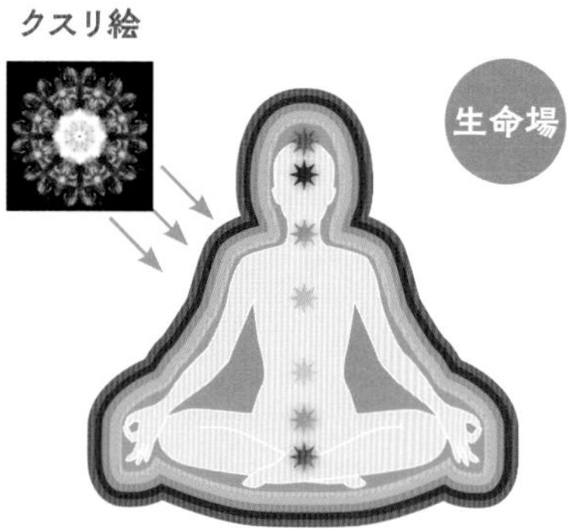

クスリ絵は生命場（オーラ）に働きかけ、体を理想的な状態に整えます。生命エネルギーが活性化すると、自然治癒力が高まります。

治癒力は自分の生命場の中にこそあります。クスリ絵は生命場を整え、**誰もが持っている「自己治癒力」を最大限に引き出すことできるアート**（**絵**）と言えます。

✳生命エネルギーがめぐる仕組みとは

クスリ絵は、見ても、触れても効果があります。絵として眺めれば視覚情報として脳に伝わりますし、目で見なくても、触れたり、体に貼ることでも、体がその〝刺激〟を捉えることができるのです。

どうして絵なのに触れても効果があるのでしょうか。**皮膚には色や形が発する微細な振動を知覚する受容体があり、そこで得られた情報は脳にまで伝わる**からです。そのため皮膚は「第3の脳」と呼ばれるほどです。

そもそも私たちの体には、情報を伝えたり、生命エネルギーを全身にめぐらせるためのネットワークが備わっています。

東洋医学で言えば「気」の流れを伝える経《けい》絡《らく》であったり、西洋医学でも体内の代謝経路にはリンパの流れや血流、神経ネットワークなどがありますが、体が持つ精巧なシステムによってフィードバックされるのです。

クスリ絵の情報が脳に届くと、神経伝達物質によりそれらの情報が運ばれ、免疫細胞の働きや回復に必要な細胞を修復し、活性化するように導かれていきます。

反対にこのエネルギーが乱れ、滞ってしまうと、病気や不調のもとになります。すると現代医学だけでは完全に治すことができないケースが発生してしまうのです。

つまり、**現代医学では治せない病にも対応できる有効な方法のひとつに、クスリ絵がなる**のではと私は考えています。

クスリ絵と薬、鍼灸の違い

	メリット・デメリット	副作用
クスリ絵	○体に貼ったり、洋服の上や内側に貼るだけ、当てるだけでよい ○誰でも簡単に使える ○経済的負担が少ない	・まったくと言ってよいほどない ・合わない場合は、体から外せば不快は消える
薬	△病気が治るまで使い続けなければならない △経済的な負担が大きい △医師でないと処方できない	・副作用が出ることがある ・一旦服用したものは、体から取り出せない
鍼灸	○ツボの電磁波をコントロールできる △施術者の技術力の差によって、効果が異なる	・疲労、倦怠感、刺鍼部にかゆみが出ることがある

もう一人の自分

潜在意識とのコミュニケーションツール

✳ 私の中のもう一人の私とは

クスリ絵の効果は不調や病気の改善だけではありません。不思議なことに、行動すべてがうまくいくようになります。**それを可能にしているのが、「潜在意識」**。潜在意識は、私というものを考えたり、現実の物事を判断している意識（顕在意識）とは別の意識です。私たちが自分だと自覚して認識している意識のほかに、**人生を創造する力を持っているもう一人の私「潜在意識」が潜んでいて、独自の役割を担っています**。世界は潜在意識のエネルギーが形になったものなので、クスリ絵で潜在意識が変われば、運気も上がります。

　つまり、意識の中では潜在意識こそが、体や体験する世界の大部分をコントロールし、創造しています。私たちが自分だと思っている顕在意識は、本来は体の中にいさせてもらっている存在。それにもかかわらず、私たちは

顕在意識と潜在意識

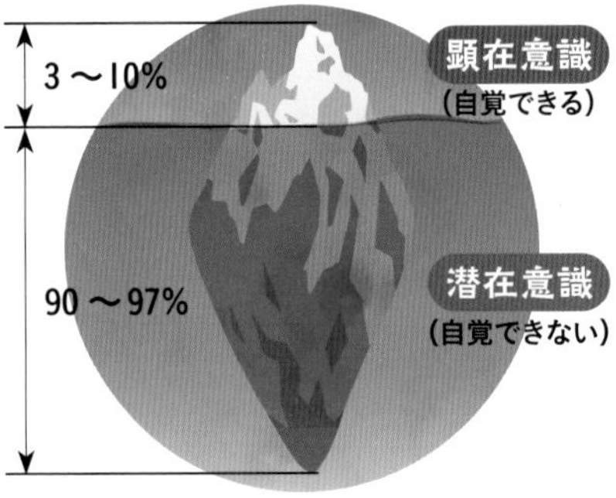

「顕在意識」は自覚できる意識で、表面意識とも呼ばれます。一方、「潜在意識」は自覚できない意識で、無意識な状態です。氷山の海面に見えているところと、沈んでいるところで、例えられることが多いです。

自分こそが体の主だと思っているわけです。

　こうした仕組みを知らないまま、日々の不満や愚痴を溜め込んでしまい、「私なんてダメだ」「自分には何の価値もない」などというマイナスの思いを抱え続けていると、それを聞かされている潜在意識は傷つき、マイナスの思いが現実化します。

　潜在意識はそれが顕在意識の本心であるかのように錯覚し、不幸や病気をつくり出して

しまうのです。自分の思いによって自分の大切なパートナーである潜在意識を苦しめて、痛めつけているなんて皮肉なものです。

✳思い通りの人生を送るために

頭では潜在意識の存在をわかっていても、それが本当に自分自身だと納得し、その存在を慈しみ、大切にできている方は少ないかもしれません。人には、自分で認識している「顕在意識」、心の奥に秘められている「潜在意識」、ハイヤーセルフとも呼ばれる「超意識」の3つがあり、それらが三位一体となってコントロールされて生きています。このうちハイヤーセルフは潜在意識の指導者的な存在でもあり、潜在意識と超意識を合わせて「内在《ないざい》神《しん》」と呼ぶ場合もあります。**3つが調和した状態でいると病気になることもなく、エネルギーもよい状態に保つことができます。**

自分という顕在意識だけが体にいるのではなく、滅多に言葉を発しないためにその存在に気づかれないでいる潜在意識が常に一緒にいることを認めることが大切です。

潜在意識は、たいていお腹の下のあたりに存在しています。私の潜在意識は、普段お腹にある壺のようなものの中にいます。何かあるとそこから出て、私に訴えかけてくれるのです。潜在意識は私にとって小さな神様のような存在です。

そして、**顕在意識が先導して潜在意識を正しく導いていけば、健康な毎日を送ることができます。**私たちは思い通りの人生を自ら創造し、充実した日々を送ることが可能になります。

クスリ絵を見たり、触れたりして活用することで、私たちの顕在意識は、潜在意識そのものを癒やし、活性化できるでしょう。

体は三位一体でコントロールされている

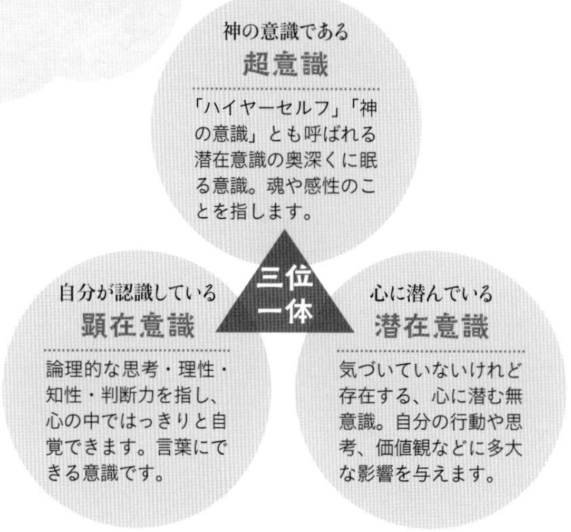
神の意識である
超意識
「ハイヤーセルフ」「神の意識」とも呼ばれる潜在意識の奥深くに眠る意識。魂や感性のことを指します。
三位一体
自分が認識している
顕在意識
論理的な思考・理性・知性・判断力を指し、心の中ではっきりと自覚できます。言葉にできる意識です。
心に潜んでいる
潜在意識
気づいていないけれど存在する、心に潜む無意識。自分の行動や思考、価値観などに多大な影響を与えます。

トラウマの解消にも

潜在意識のクリーニング

✴私たちは自分で病気をつくっている

私たち(顕在意識)は、自分の体の主ではなく、潜在意識こそが〝体の主〟です。心臓を動かしているのも、呼吸を支えているのも、生命活動のあらゆる働きが潜在意識によるものです。しかし、潜在意識は滅多に言葉を発しないため、私たちは常日ごろ、その存在に気づかずに生活しています。知らず知らずのうちに、潜在意識を苦しめ、病気をつくり出していることさえあるのです。

例えば私は、仕事のしすぎで目を酷使し、左目が網膜剥離を起こしてほとんど見えなくなってしまったことがあります。それは必要以上に目や体に無理をさせてしまったからです。そこで私は潜在意識に呼びかけて、「ごめんなさい、許してね」と伝えるようにしたところ、目の病気の進行も止まったのです。

自分を否定したり、自分を追い詰めて強固なトラウマをつくり出してしまったときは、心から潜在意識に謝ることが必要です。そして言葉で告げるだけでなく、ノートや紙に書きつけるなどしてくり返し伝えるのが有効なときもあります。

がんや難病などの人の場合も、潜在意識が深く傷ついていることがほとんどです。潜在意識を癒やしていくことで、重篤な病気でも治ったり、快方へ向かうことがあるのです。

✴現実は潜在意識のデータの現れ

私が潜在意識の存在を知ったきっかけは、ハワイの伝統的な癒やしの手法である「ホ・オポノポノ」の本を読んだことです。

私たちが現実として目にしているものは、潜在意識の記憶(データ)が再生され、この3次元の世界の〝スクリーン〟に映し出されています。ですから何か問題が起きたときは、潜在意識のエネルギーが原因だと考えて、それを癒やします。たとえ、他人に病気やトラブルがあっても、自分が見たり聞いたりしたものはすべて自分に責任があると捉えます。

潜在意識に「見せてくれてありがとう」と感謝し、「一緒に消去しようね」とお願いします。すると、古い記憶はどんどん消えていきます。ホ・オポノポノでいま再生されているデータを消去し、新しく書き換えられると、今ある現実が一瞬または、しばらくした後で間違いなくよい現実に変わります。

やり方としては、**「ありがとう」「ごめんなさい」「許してください」「愛しています」の4つの言葉を言うこと。潜在意識の中のよくない記憶がきれいにクリーニングされ、神聖な存在からインスピレーションが降りてくるようになります。**

例えば「自分なんかダメだ」と長く思い込んでいたために、ダメな自分に見合う病気やトラブルが起こっていたのが、クリーニングによって望みが叶ったり、不調が改善されたり、前向きな出来事が起こるようになります。

✳ 現実の出来事は自分に責任がある

大切なことは、「認める」「受け止める」「委《ゆだ》ねる」の3つ。**どんなことが起きようとも、目の前に起こったことをまず認め、100%自分の責任だと受け入れます。そして最後に、完全に潜在意識に委ねます。**自分とは関係ないことのように思っても、すべての原因が自分にあると捉えて、心の底から受け入れます。そのうえで潜在意識にすべてを委ね、ネガティブな記憶を消去してもらいます。すると新たなよい記憶に入れ替えることができ、その結果、よりよい現実に変えることができます。

感謝の気持ちを潜在意識に向けると、よいことが起こり始めます。クスリ絵を見ながらクリーニングすると、その効果が増すのです。

クリーニング法「ホ・オポノポノ」

ごめんなさい
ありがとう
許してください
愛しています

「ホ・オポノポノ」はハワイに伝わる癒やしの秘法。4つの言葉を唱えることで、潜在意識の中に眠る記憶（障害や苦しみ）を消去し、超意識とつながりやすくします。

効果的に使うコツ!

クスリ絵のトリセツ

クスリ絵は、色々な使い方ができるスグレモノです。触れるだけ、眺めるだけでもよいですが、巻末の「クスリ絵ポケットカード」は切り離して、自由に使ってみましょう。

見ても触れても、貼ってもOK

実際にクスリ絵を毎日の生活に取り入れて、その効果を活かしていきましょう。何も難しいことはありません。手に取ってページをパラパラとめくってみたときに気になる絵柄はありましたか? もしくは、今何か困っていることや変えたいこと、今後実現したいことはあるでしょうか? 自分の願望や目的に応じて絵柄を選ぶとよいでしょう。

左ページに紹介するように目につくところに貼って眺めたり、触れたり、持ち歩いたりなどしてクスリ絵のパワーを存分に浴びましょう。日中はもちろん、クスリ絵は生命場に働きかけて潜在意識に効果をもたらしますから、**潜在意識とつながりやすい睡眠中に使うのがおすすめ**です。枕の下や布団の下に敷いてみましょう。そのときは絵柄が自分に向くようにしてください。

クスリ絵は

効果で選ぶ!

自分の不調や悩み、叶えたい願いに合ったものを目次(P.4)や索引(P.118)から選んで使います。1枚のクスリ絵には複数の効果・効能があるので、じっくりと自分に合うものを探してみてもよいでしょう。

クスリ絵は

直感で選ぶ!

本書をパラパラとめくり、目が止まったクスリ絵が、実はあなたに今必要な運命の1枚です(潜在意識が欲している)。かわいい、色がきれい、心が癒やされるなど直感でクスリ絵を選んでも問題ありません。

クスリ絵は

気分で選ぶ!

不調が改善したり、願いが叶うまで同じものを持ち続ける必要もありません。その日の体調や気分によって、心地よさを感じるクスリ絵が変わることも。その日の気分に合わせて使うクスリ絵を変えてみましょう。

眺める Look

クスリ絵を眺めるときは、まばたきをできるだけ我慢します。願いを込めながら、1から99まで数えてみましょう。すると、潜在意識に働きかけることができます。

飾る Decorate

額縁や写真立てに入れて、リビングや玄関、寝室などに飾ります。飾る方角に決まりはありませんが、日ごろの生活の中で一番目に触れる場所がよいでしょう。

触れる Touch

クスリ絵の上にそっと手を重ね、触れてみます。手を上下させると、クスリ絵からぬくもりを感じる場所が見つかります。クスリ絵からパワーを得ている証拠となります。

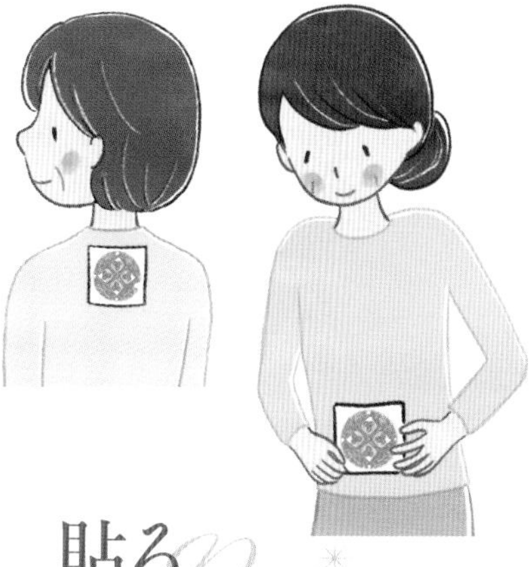

持つ Have

バッグや財布などに入れて、常に持ち歩くだけでもクスリ絵のパワーを得ることができます。スマホでクスリ絵を撮影し、待受やアイコンにしてもよいでしょう。

貼る Put

不調があるときはおへその前と背中の上部のほか、不調がある部位に絵を外側に向けて肌着の上などから貼ります（直接でもOK）。

究極の癒やしを導く

奇跡を起こす膜空間療法

✳高次元空間で行う独特な施術

クスリ絵のパワーを活用する方法もどんどん進化しています。なかでも膜空間療法《まくくうかんりょうほう》は、友人の紹介で知り合った「神山まっさあじ療院」の神山三津夫《かみやまみつお》先生に教わって以来、取り入れるようになった手法です。

膜空間とは自分の周囲につくるシャボン玉のような膜状の高次元空間のことで、その中では心身ともに癒やしのパワーが得られます。

神山先生の施術を見学させていただいたことがあるのですが、先生はまず患者さんの足や腕をとり、動かしやすさを調べ始めました。足や腕の状態や可動域を診ながら、同時に人からの妬みや嫉妬、生き霊などの影響を受けていないかも確認するのだと言います。そして患者さんをベッドに寝かせ、神山先生が数字や不思議な言葉を唱えると、みるみるうちに患者さんの体が何かに操られるように不思議な動きを見せ始めたのです。それがしばらく続き、終わってみると驚いたことに患者さんの症状がすべて消えていました。

まさしく神業としか思えない施術でしたが、体が勝手に動くことで症状が改善されていき、過去には乳がんが消えた女性や、原因不明の痛みが消えた男性の例などがあるそうです。

✳奇跡を起こす理由は高次元にある

神山先生がこの療法を始めたきっかけは、「患者さんの痛みをなんとかして早く取り除く方法はないものか」と思っていた先生のもとに、ある日突然、宇宙からメッセージや数字の情報が降りてきたことだと言います。

治療にかける思いの部分は私と似ていますが、私から見てもこの療法は実に魅力的です。

そこで、やり方を教わって先生と同じようにしてみました。そして膜空間をクスリ絵で行うことを思いつき、**クスリ絵を用いる「究極**

の膜空間療法」として取り入れました。

基本のやり方は次ページでご紹介しますが、自分に膜空間をかける方法と、相手に膜空間をかける方法の2つがあります。試してみると誰でも実感し、愛に包まれたような不思議な心地よさを覚えることでしょう。

膜空間療法のポイントは、その場に高次元の空間をつくり出すことにあります。3次元の世界に暮らしている私たちは、次元と言ってもなかなか実感できないかもしれません。

次元とは、簡単に言えば〝自由さ〟です。

2次元空間は前後左右にしか動けませんが、3次元空間では上下にも動けるので、より自由だと言えます。もし、膜空間療法を行ってより自由な気分を味わえたら、それは自分のいる次元が高くなったと言うことになります。

0次元から高次元まで、すべてに影響を与えているのが潜在意識なので、いかに潜在意識と心を通わせることが大切かがわかります。

✳潜在意識に気づくきっかけにも

膜空間療法も、クスリ絵も同じように潜在意識に働きかけ、古い記憶をクリーニングすることで病気が解消に向かいます。

顕在意識がすべてだと思っている人は自分の内(心)に目を向けず、外ばかり見ています。その状態で何かを成し遂げたとしても、自分ひとりの力だと思い込み、感謝や謙虚さを忘れてしまいがちになります。それが病気などの引き金にもなってしまうのです。

体は潜在意識そのものです。病気やトラブルは本人に気づきを与えるために起こる場合もあるので、そうならないためにも**クスリ絵を使った膜空間療法を活用し、よりよい人生を送る手助けにしていただきたい**と思います。

ミニコラム

膜空間を上手くつくるコツ

膜空間がすぐにできる人と、なかなか感覚がつかめない人など、膜空間療法の取得には個人差があります。すぐに実感できなくても、焦らずにゆっくり試してみましょう。

膜空間を上手に感じるコツは、「潜在意識としっかりつながること」。膜空間療法を始める前に、「潜在意識さん、ありがとう。ごめんなさい。許してください。愛しています」と心をクリーニングしてから行ってみるとよいでしょう。きっとよい変化が現れます。

クスリ絵を使った膜空間のつくり方

膜空間療法とは、自分のまわりにシャボン玉のような膜状の高次元空間をつくり、その中で心身ともに癒やされる方法です。
では、やり方を習得してみましょう。

自分に膜空間をかける

1 クスリ絵を自分の前に置き、
両手の人差し指を立てる。

Point
立てた指の先端に均等に意識を向ける

2 両手の人差し指の先端を意識したまま、
胸の中央からみぞおちあたりに意識を向ける。
「目の前に置いたクスリ絵によって、
私に膜空間がつくられます」と言う。

Point
心の中で言ってもOK！

3 目を開けてクスリ絵を眺める。
しばらくすると膜空間が出現し、
自分を包み込んでくれる。

4 目を軽く閉じ、膜空間の中で
ゆっくりとくつろぐ。

5 しばらくくつろいだら、
膜空間の中で自分の体を感じる。

Point
頭、顔、首、胸、お腹、背中、手、足を順に感じる

Q 離れた場所にいる人にもかけられる？

A 遠く離れた人にも膜空間療法はできます。相手の前にもクスリ絵を置き、同時刻に同じポーズをしてもらい、相手のことを意識します。両者ともにクスリ絵を準備したり、相手を見ることが難しい場合は、クスリ絵がなくても行うことは可能です（できるだけあったほうが効果が高い）。

自分以外の人に膜空間をかける

1 膜空間をかける人（相手）に
クスリ絵を選んでもらう。

Point
クスリ絵は膜空間をつくる人（自分）の前に置く

2 両者が向かい合って座り、
ともに両手の人差し指を立てる。

Point
両者ともに自分の立てた指の先端に均等に意識を向ける

3 両者ともに両手の人差し指の先端を意識したまま、
胸の中央からみぞおちあたりに意識を向ける。
「目の前に置いたクスリ絵によって、
○○さんに膜空間がつくられます」と言う。

Point
心の中で言ってもOK！

4 そのまましばらく二人で
クスリ絵を眺める。

5 目を軽く閉じ、膜空間の中で
ゆっくりとくつろぐ。

膜空間Q&A

Q 1日何回行ってもよい？

A クスリ絵を使った膜空間療法は、1日に何度も実践してもかまいません。1日の中で比較的心が落ち着いている朝方や、就寝前に行うと効果的でしょう。

Q 膜空間の継続時間は？

A 膜空間をつくることができる継続時間は、人それぞれです。膜空間を感じることができなくても、空間は確かにできていますので、何度も実践してみましょう。

クスリ絵 Column

クスリ絵を読み解くための用語集

クスリ絵の解説には、聞き馴染みのない言葉が数多く出てきます。
いくつかの単語の意味をここに紹介します。

[幾《き》何《か》学《がく》]

図形や空間の性質について研究する数学のひとつの分野です。幾何学は「数学の言語」とも言われています。

[高《こう》次《じ》元《げん》]

人類が生活している３次元（縦・横・奥行き）に、時間の概念を加えた４次元よりも高い次元を意味します。最高次元は11次元。

[数字《すうじ》と色《いろ》は1対《たい》1対《たい》応《おう》]※

1〜９までの数字は、「1＝チリ」「２＝赤」「３＝オレンジ」「４＝黄」「５＝緑」「青＝６」「７＝藍」「８＝紫」「９＝オリーブ」を示します。

[生《せい》命《めい》エネルギー]

代謝や運動などの生きるためのエネルギー。中医学では「気」を意味します。人類はこのエネルギーを大気（空間）から得ています。

[潜《せん》在《ざい》意《い》識《しき》]

自分の内面にいる本当の自分や、心の中にいる子ども時代の自分のこと。現実を創造する大きな力を持っています。

[潜《せん》在《ざい》意《い》識《しき》の色《いろ》]※

潜在意識には９種類（チリ・赤・オレンジ・黄・緑・青・藍・紫・オリーブ）の光の色があります。チリ色とは紫水晶の色です。

[素《そ》数《すう》]

1とそれ自身の数でしか割り切れない唯一無二の数である素数は、「最強の数」。ある数学者は「素数は神である」と説いているほど。

[チャネリング]

スピリチュアルの世界や、常識を越えた高次元の存在と交信する手段や能力のこと。これを行う人を「チャネラー」と言います。

[ハイヤーセルフ]

潜在意識とともにいる「もう一人の自分」です。今より高い次元から見ている自分自身を指すことがあります。

[波《は》動《どう》]

すべての生き物が持つ波形エネルギー（振動）。高次元エネルギーを意味し、バロメーターとして使われることもあります。

[フラワー・オブ・ライフ]

19個の円を組み合わせてつくられた左右対称、黄金比率の神聖幾何学模様。命の根源につながる図形とされています。

[魔《ま》方《ほう》陣《じん》]

３×３や５×５など、正方形のマスに数位を入れて、すべての行、列、対角線上の数の和が同じになる配列のことです。

※出典：三木野吉著『潜在能力点火法』

Part
2
心身の健やかさを保つためのクスリ絵

いよいよここからは本書の真髄となるクスリ絵の絵柄の紹介です。
心身の健やかさを保つパワーを持つ絵柄を、部位別・症状別に厳選しています。
自分の不調に合う絵柄を探してみましょう。

Kusurie 01 菊紋

9色で彩られた菊の花が健康に導く

菊の花の紋章が4×4の魔方陣に、16個並んだ絵柄です。潜在意識の色である9色(P.24)を用いて、彩られています。

自分の名前と生年月日を書き込んで、布袋に入れるだけで、自分だけのオリジナルな健康お守りをつくることができます。あまり推奨はしませんがコピーすれば(P.121)、家族や友人のお守りもつくれます。

その他の効果・効能

- 病気の予防に
- 自然治癒力を高める
- 心を軽くする

効果を上げるおすすめの使い方

クスリ絵ポケットカードの入る布袋を用意し、カードの裏面に氏名と生年月日を書いてお守りをつくります。

クスリ絵ポケットカードは P.125 へ

万病予防

丈夫で元気な体づくりに

Kusurie 02 病気を消去する膜

五感で感じて病気を消す

２種類の絵柄が、９色の潜在意識の色（P.24）の上に並んでいます。各臓器や器官にはそれぞれを表す色と形があります。この絵柄は神山三津夫先生がチャネリング（P.24）して下ろした数字をもとに作成しました。

実際、これを背中に貼った人で体の不調が取り除かれ、とても調子がよくなったという人が続出しています。

その他の効果・効能

- 病気の予防に
- 病気を消滅させる
- 元気になる

効果を上げるおすすめの使い方

病気や不調がある部分に、この絵柄を外向きにして貼ってみましょう。衣類の上から貼ってもかまいません。

クスリ絵ポケットカードは P.125 へ

Kusurie 03 ケンコー

モノクロアートで病を回復させる

数学の幾何学を使ってつくった「数学クスリ絵」です。この絵柄からは調和を促すエネルギーが止めどなく流れ出ています。

疾患のある部分に貼ったり、患部をこの絵柄でなでると、その部分の気や血液の流れがよくなり、病気の平癒につながります。日常生活で目にする場所に、額縁に入れて絵画のように飾っておいてもよいでしょう。

その他の効果・効能

- 病気の予防に
- 病気からの回復力を高める
- 生命エネルギーの強化に

効果を上げるおすすめの使い方

不調のある部位に貼ってもよいですが、耳たぶの後ろにある骨の突起と、下あごの骨の間にあるくぼみに貼るのもおすすめです。

クスリ絵ポケットカードはP.125へ

体の免疫力を高める

Kusurie 04 コロナ

高次元のパワーを持った魔方陣

この絵柄は、神山三津夫先生が宇宙からのチャネリング(P.24)によって、私たちより意識レベルの高い高次元(P.24)の存在から得た数をもとにつくったものです。そのため、風邪やウイルス性の病気に罹ったときに、この絵柄を使うと効果を発揮します。

首まわりや背中に貼ると寒気が取れ、体がポカポカしてくる人が多いようです。

その他の効果・効能

- 風邪、感染症予防に
- ウイルスに負けない体づくりに
- 生命場(オーラ)を強化する

効果を上げるおすすめの使い方

医療用テープを使って、肌に直接貼ってもよいですが、肌着の上から貼っても。必ず絵柄は外に向けましょう。

クスリ絵ポケットカードはP.125へ

Kusurie 05 ルーレット

潜在意識が歓喜する色で

数多くの三角形と、顕在意識の光の４色（赤・青・黄・緑）を使ってこの絵柄は描かれています。顕在意識の光の４色は、潜在意識が喜ぶ色でもあります。

この絵柄を眺め、ゆっくりと数分間深呼吸をすることで、気持ちが徐々に落ち着き、体の表面の微細なエネルギーが振動します。すると、体中が気で満たされ、回復力がアップします。

その他の効果・効能

- 炎症を緩和させる
- 熱を冷ます
- 心を軽くする

効果を上げるおすすめの使い方

絵柄を見ながら、口から吐いて鼻から吸う深い呼吸を、数分間くり返します。絵柄に手をかざして行ってもよいでしょう。

クスリ絵ポケットカードはP.125へ

気力、体力を充実させる

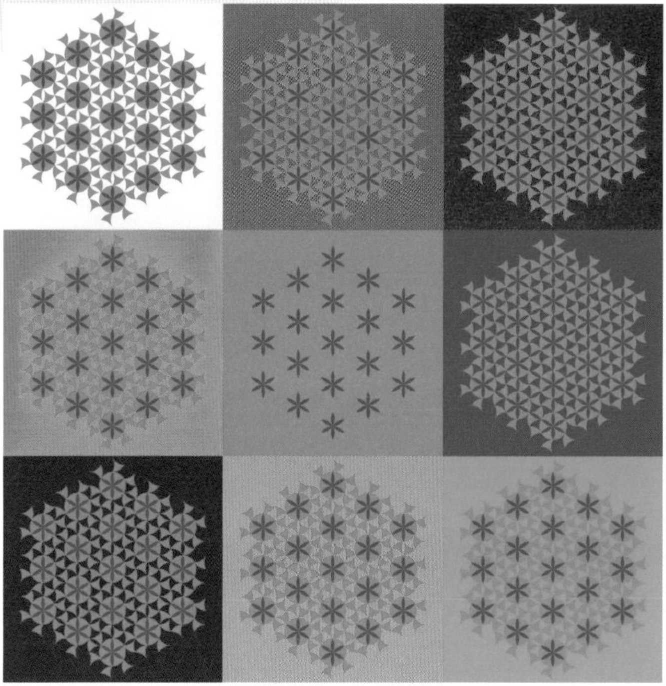

Kusurie 06 遺伝子の開花

遺伝子の活性化を図る

神山三津夫先生曰く、遺伝子には目で確認できる遺伝子と、エネルギーだけでできている目に見えない遺伝子があります。つまり、目に見えない遺伝子が動き出して活発になると、人は気力が充実し、体力が増強するのです。

この絵柄を胸やお腹、背中、腰などに貼ると、多くの方は、気力が湧き出てみるみるうちに元気になるのです。

その他の効果・効能

- 気力を回復させる
- やる気をアップさせる
- 才能・能力を拡大させる

効果を上げるおすすめの使い方

医療用テープを使って、肌着の上から胸やお腹、背中、腰など体幹となる部分に貼ります。直接、肌に貼ってもかまいません。

クスリ絵ポケットカードはP.125へ

長寿を祈願して

Kusurie 07 ライフ

老化を防ぐ黄金比のパワー

　この絵柄は黄金比(P.11)という比率からつくられたもので、人を長寿に導く作用を持ち合わせています。黄金比は、人の誕生や成長、老化に多大な影響を与える比率でもあり、人体の至るところに黄金比の比率を見ることができます。例えば、頭の先からおへそまでを1とすると、おへそから足底までが、およそ1.6となるのです。多くの絵画などにも取り入れられています。

その他の効果・効能

- 認知症にならないために
- アンチエイジングに
- 物事がよい方向に向かう

効果を上げるおすすめの使い方

この絵柄に手を重ね、時計回りにさすってみましょう。絵柄からのパワーが潜在意識の中に刷り込まれていくでしょう。

クスリ絵ポケットカードはP.125へ

頭痛を解消させる

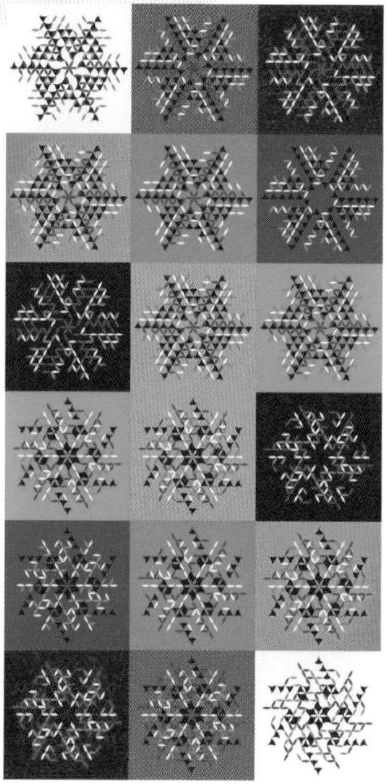

Kusurie 08 頭痛方《ほう》

あなたの頭痛に合う絵柄を探して

2種類の絵柄が配置された3×3の魔方陣が上下に並んでいます。

この絵柄は、18等分して順におでこやこめかみ、首に貼ってみましょう。あなたに合った頭痛が改善するものが見つかるはずです。そして合うものを使うとよいでしょう。ただし、頭痛がある人は、クスリ絵を使用する前に必ず重篤な病がないか、医療機関を受診しましょう。

その他の効果・効能

- 頭重感の緩和に
- 頭の回転がよくなる
- 記憶力のアップに

効果を上げるおすすめの使い方

おでこやこめかみ、首など、同じ位置にそれぞれの絵柄を順番に貼って、自分の頭痛が改善するものを見つけましょう。

クスリ絵ポケットカードはP.125へ

認知症にならないために

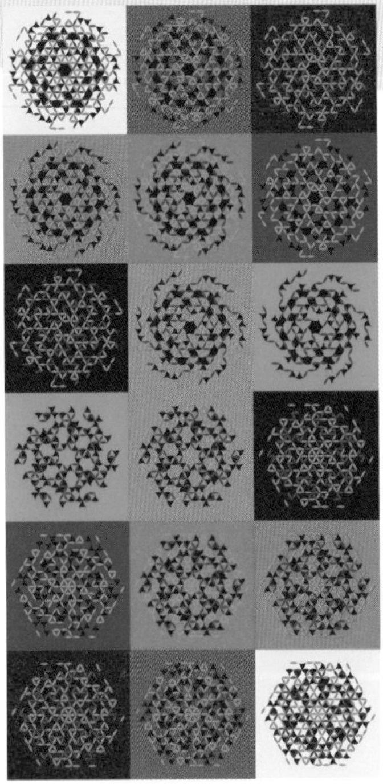

Kusurie 09 記憶力

脳神経と共鳴して認知力を高める

脳神経のネットワークのような形をした絵柄です。この形は、実際の脳神経と共鳴し、脳神経のネットワークに働きかけます。潜在意識の色である9色(P.24)は、見える世界の基本色なので、脳をコントロールする潜在意識が気に入り、認知能力を高めてくれます。

18等分に分け、好きな色をおでこやこめかみ、首に貼ってみましょう。

その他の効果・効能

- 記憶力のアップに
- もの忘れ防止に
- 合格祈願に

効果を上げるおすすめの使い方

18等分に切り離して、各色の効果を確かめることで、自分に本当に合う色のクスリ絵に出合えます。

クスリ絵ポケットカードはP.125へ

脳の病気の予防に

Kusurie 10 キラキラ星

ピラミッド探しで脳を若返らせる

「緑」は調和を表します。この絵柄を目を凝らしてよく見ると、大きなピラミッドや小さなピラミッドが見えてくるでしょう。

少しでも時間ができたら、目を凝らしてこの絵柄をよく見るようにしてください。すると、脳が活性化してくるでしょう。この絵柄を枕の下に敷いたり、ベッドの柵に貼ったりしても効果が発揮されます。

その他の効果・効能

- 脳梗塞、脳卒中の予防に
- 記憶力のアップに
- ひらめき力を高める

効果を上げるおすすめの使い方

日常的によく目にする場所にこの絵柄を飾るとよいでしょう。仕事や家事のすき間時間に、この絵柄を見るクセをつけて。

クスリ絵ポケットカードはP.127へ

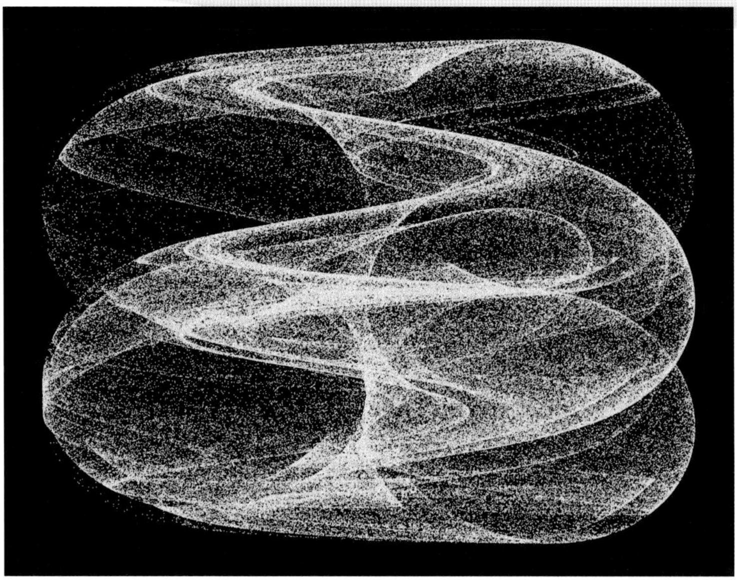

Kusurie 11 アイリー

流線型の螺旋パワーがみなぎる

モノクロの螺旋で描かれたこの絵柄は数字からつくられた「数学クスリ絵」です。

他人からのネガティブなエネルギーや、ウイルスからの悪影響によって目に異常が生じたときに、この絵柄を目頭や目尻に当てると数分で症状をやわらげることができます。また、パソコンやスマホの見すぎで、目に疲れを感じたときも同様の効果を発揮します。

その他の効果・効能

- 視力回復、老眼予防に
- 眼精疲労の解消に
- 頭の中をクリアにする

効果を上げるおすすめの使い方

この絵柄をアイマスクに貼り、目を休めることで、疲れ目が軽減します。絵柄は外に向けて貼りましょう。

クスリ絵ポケットカードはP.127へ

めまいや貧血を解消する

Kusurie 12 ヨーク

全身から集めて全身へ送り出す

めまいや貧血は血流不足から起こるものです。赤は血、黄色はリンパの流れを表しています。八方から中心に向かって血液を集め、安定的に全身に送り出しています。

みぞおちや首の下（肩甲骨の上部）に貼ると、めまいや貧血の症状が緩和します。めまいや貧血の原因を医療機関を受診して確かめてから、クスリ絵を使用するようにしましょう。

その他の効果・効能

- 耳鳴りの解消に
- 車酔いの解消に
- むくみの解消に

効果を上げるおすすめの使い方

みぞおちや首の下に貼っても効果が見られないときは、おへその上に貼るとよいでしょう。

クスリ絵ポケットカードは P.127 へ

耳鳴り、鼻づまりの解消に

Kusurie 13 テオラ

中心に集めてリンパの流れをよくする

耳や鼻の健康に効果的な絵柄で、「FOL（P.9）」という神聖幾何学模様を、潜在意識の9色（P.24）で彩色したものです。中心の青が体内の滞っているものを中心に集めます。耳鳴りや鼻づまりは、リンパの流れの滞りなので、つまった流れを解消させます。

マスクの上に貼ったり、マスクの内側に貼ってもよいでしょう（絵柄は外に向けて）。

その他の効果・効能

- めまい、貧血の解消に
- 鼻水、鼻通りの解消に
- 花粉症の軽減に

効果を上げるおすすめの使い方

耳たぶの後ろのくぼみに貼ると、より効果が発揮されます。それでも効果がないときは、おでこに貼りましょう。

クスリ絵ポケットカードはP.127へ

胃

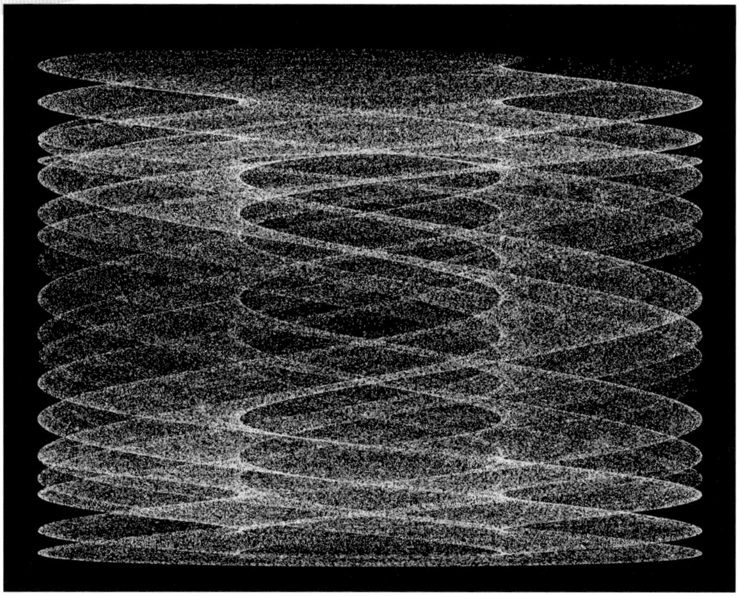

胃のむかつきを抑える

Kusurie 14 胃気

胃の内容物を外へ吐き出す

すべてのものを下から上に向かう上昇気流に乗せて舞い上がらせているようなこの「数学クスリ絵」は、胃のむかつきや胃もたれ、逆流性食道炎の解消に効果があります。

みぞおちのやや下の胃のあたりに、絵柄を当ててみましょう。絵を外側に向けたり、内側に向けたりし、温かみを感じるほうを採用してください。どちら向きが効果的かわかります。

その他の効果・効能

- 胃もたれの軽減に
- 逆流性食道炎の解消に
- ストレスによる諸症状の解消に

効果を上げるおすすめの使い方

絵柄を当てる以外に、肌着の上から医療用テープを使って胃のあたりに貼ってみてもよいでしょう。

クスリ絵ポケットカードは P.127 へ

不整脈、動悸の改善に

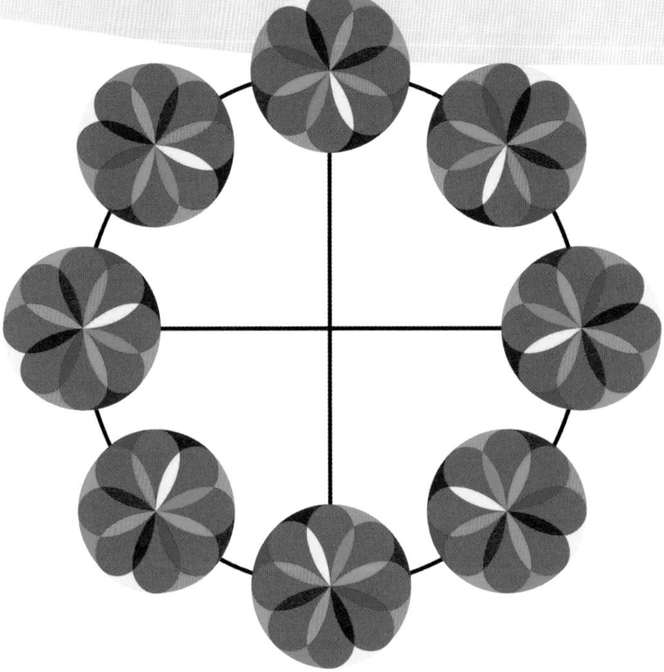

Kusurie 15 ハート8

血液を循環させて安定させる

潜在意識の９色(P.24)で彩られた絵柄が、それぞれ45度ずつ回転し、８つ並んでいます。回転は生命エネルギーを生み出すため、そのエネルギーとなる血液が心臓を循環するのを促します。また、「８」には安定させるという意味もあり、心臓の鼓動を落ち着かせます。

心臓の位置に絵柄を外向きにして、肌着の上から貼っておくとよいでしょう。

その他の効果・効能

- 心臓疾患の予防に
- 拍動、血流の調整に
- 心が傷つくことから守る

効果を上げるおすすめの使い方

衣服の上から貼る以外に、絵柄に手を重ね、時計の12時の位置から右回りに３周ほどなぞるのもよいでしょう。

クスリ絵ポケットカードは P.127 へ

息切れ、胸の苦しさの軽減に

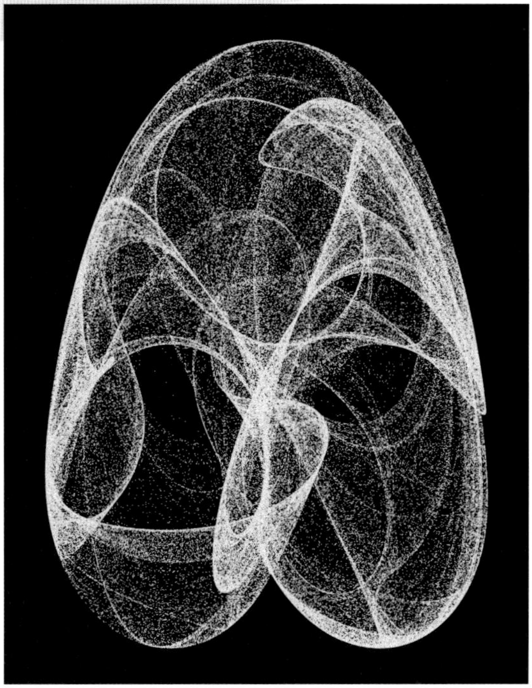

Kusurie 16 ラング

肺のすみずみにまで酸素を送る

アトラクターという力学の手法を用いて、肺をイメージしてつくった「数学クスリ絵」です。肺の中の細い毛細血管１本１本に至るまで酸素が行き渡っていることを彷彿とさせています。

この絵柄を背中に貼り、ゆっくりと深呼吸します。すると、背中がポカポカとし始め、咳や痰、胸の苦しさが軽減します。また、持っているだけでも癒やされ、リラックス効果も。

その他の効果・効能

- 呼吸を落ち着かせる
- 心肺機能の向上
- 気持ちをリラックスさせる

効果を上げるおすすめの使い方

絵柄を肺《はい》兪《ゆ》のツボ（背骨と肩甲骨の間の中央で、肩甲骨の高さ半分のところ）に貼るのもおすすめです。

クスリ絵ポケットカードはP.127へ

腎機能の向上に

Kusurie 17 るりこう

老廃物を集めて流す

腎臓は全身から老廃物が集まる場所なので、ものが集まることを表す「８」が使われています。白と藍色で水の流れをよくし、体をスッキリとさせるパワーを秘めています。

この絵柄の絵に水などの飲み物を10分ほど置くと、水に腎機能を高める波動が移ります。その水を飲むことで、水分代謝がよくなり、むくみが解消されます。

その他の効果・効能

- むくみの解消に
- デトックス効果を高める
- ダイエット効果を高める

効果を上げるおすすめの使い方

背中側の腎臓の位置や、膀胱の位置に絵柄を肌着の上から貼るとよいでしょう。尿意を招き、デトックスされます。

クスリ絵ポケットカードは P.127 へ

腸

便秘、下痢の改善に

Kusurie 18 トランスフォーム

腸内環境を一変させる

腸のぜん動運動を促進させ、体質を一変させる(トランスフォーム)力がこの絵柄にあります。腸内細菌のバランスを調整し、腸の働きを司る自律神経を整えます。すると、便の色や形、香りがよくなり、お腹の調子が改善します。

おへそや、おへその真裏(背中側)に肌着の上から貼ると、じんわりと温かくなり、腸に溜まった便や老廃物が排泄されます。

その他の効果・効能

- 消化能力の向上に
- 腸内環境の改善に
- 生命エネルギーの強化に

効果を上げるおすすめの使い方

貼る以外に、絵柄をお腹に外向きに当て、時計回りに円を描くようになでると、便意を促します。

クスリ絵ポケットカードはP.127へ

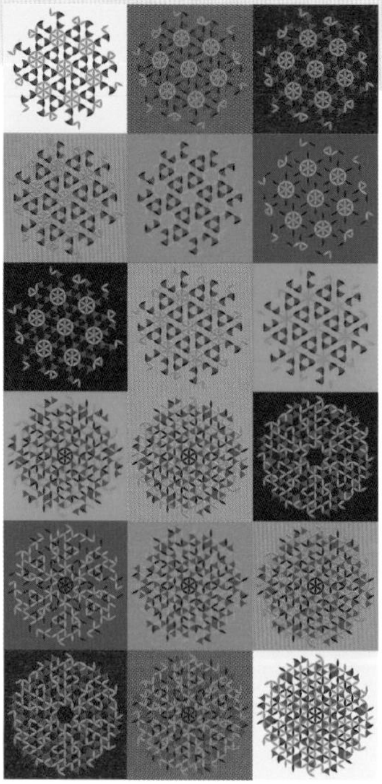

Kusurie 19 秘

栄養吸収を促して疲労解消

潜在意識の宿るおもな場所のひとつが、「腸」。潜在意識の９色(P.24)を使うことで、潜在意識の働きが活発となり、食べ物が持つ栄養の吸収がしやすくなるのです。

この絵柄を見ながら食事をすることで、食事からの栄養を十分に得ることができ、日ごろの疲れの解消につながります。緑の野菜を食べるときは「緑」、肉を食べるときは「赤」を見て。

その他の効果・効能

- 生命エネルギーの強化に
- 疲労を回復させる
- 関節の可動域を広げる

効果を上げるおすすめの使い方

絵柄を見ながら食事をする以外に、背中やお腹に絵柄を肌着の上から貼ってもよいでしょう。

クスリ絵ポケットカードはP.129へ

不眠

なかなか寝つけない夜に

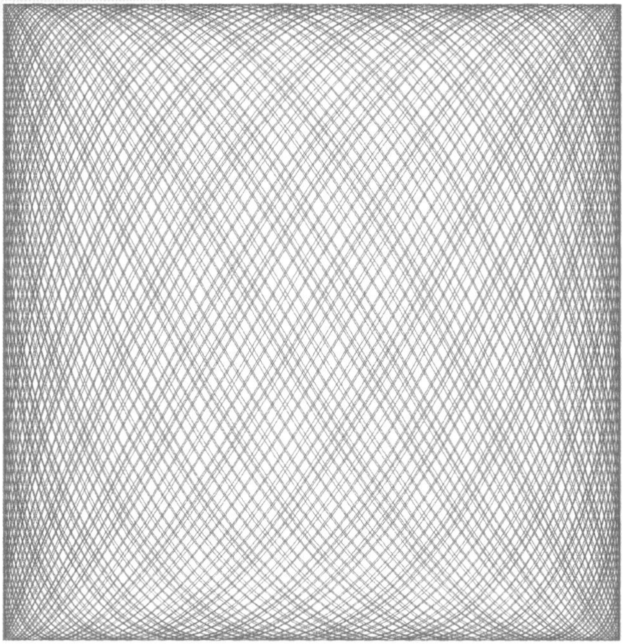

Kusurie 20 さざなみ

ゆったりとした波が眠りに誘《いざな》う

黄金比(P.11)をもとにつくられた絵柄です。細かくゆったりとしたさざなみの流れのようです。このゆったりとした波が睡眠導入効果を発揮します。

寝る前に数分間この絵柄を眺めたり、寝室にこの絵柄を飾ると、心が落ち着いて寝つきをよくします。さらに翌朝、スッキリと寝覚めることができるでしょう。

その他の効果・効能

- 不眠症の改善に
- 気持ちをリラックスさせる
- 怒りを鎮める

効果を上げるおすすめの使い方

絵柄を枕の下に敷いて眠ったり、胸に貼って眠ると、睡眠の質が上がり、眠りが深くなります。

クスリ絵ポケットカードはP.129へ

Kusurie 21　白馬

青白い光で心を落ち着かせて

「白」や「青」には、症状を沈静化させる作用や、ノイズ(老廃物)を取り除く作用があります。この絵柄には、ほてりや冷えのぼせ、突如として汗が出る更年期障害を改善するパワーを持っています。

絵柄の中心に意識を向けると、心が落ち着いて呼吸がスムーズになります。すると、更年期症状が緩和するのです。

その他の効果・効能

- ほてり、冷えのぼせの解消に
- ホルモンバランスを整える
- 心の不安を軽減する

効果を上げるおすすめの使い方

絵柄の中心に意識を向けて、ゆっくりと99数えてみましょう。すると、ほてりや冷えのぼせなどの症状がやわらぎます。

クスリ絵ポケットカードはP.129へ

生理痛、PMSの緩和に

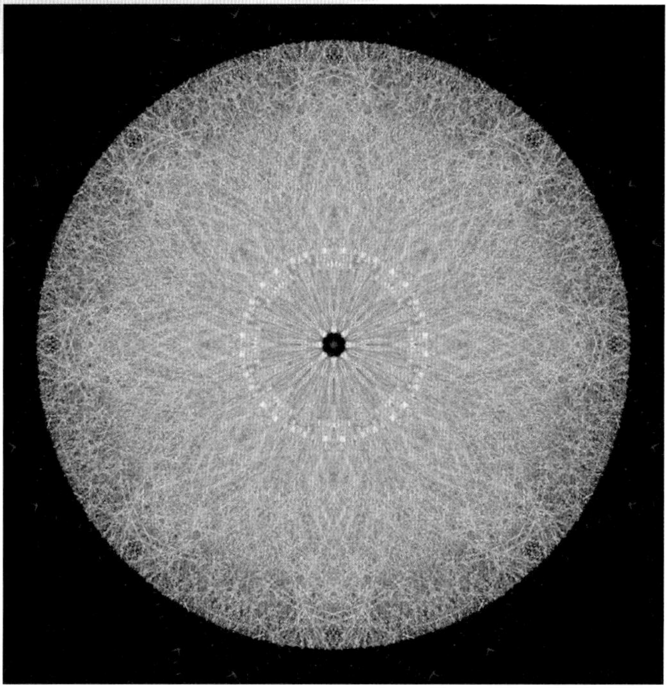

Kusurie 22 ローズスクリップ

女性に寄り添うパワーが宿る

まるで子宮の中を顕微鏡で見ているかのような繊細な絵柄です。「赤」「白」「ピンク」の配色には、不安を取り除き、抗酸化や痛みをやわらげる作用があります。そのため、生理痛やPMS(月経前症候群)の緩和に効果的です。

トイレの壁に貼って1日何度も見るようにするとよいでしょう。または、胸のあたりや下腹部に貼るのもおすすめです。

その他の効果・効能

- イライラを解消する
- 婦人科系疾患の改善に
- 下腹部の冷えの解消に

効果を上げるおすすめの使い方

PMSや生理痛の悩みがあるときは、この絵柄を写真に撮って、スマホの待受などにするとよいでしょう。

クスリ絵ポケットカードはP.129へ

Kusurie 23 インクリース

真っ赤なハートで体を温める

中心の真っ赤なハートが開花し、喜びを心から感じられるようにしてくれる絵柄です。「ピンク」や「白」はリンパの流れをよくし、むくみの解消を促します。また、「8」は血液を集めて、全身に流す作用を担っています。

この絵柄を見ながら、全身に行き渡るように「インクリース(増えろ)」と言ってみてください。すると、体温が上がり、免疫力が向上します。

その他の効果・効能

- 体を温める
- パワーを集める
- 免疫力を上げる

効果を上げるおすすめの使い方

体の末端が冷えやすい人は、この絵柄を足裏に貼るとよいでしょう。血流が改善し、冷えが解消されます。

クスリ絵ポケットカードは P.129 へ

むくみを解消する

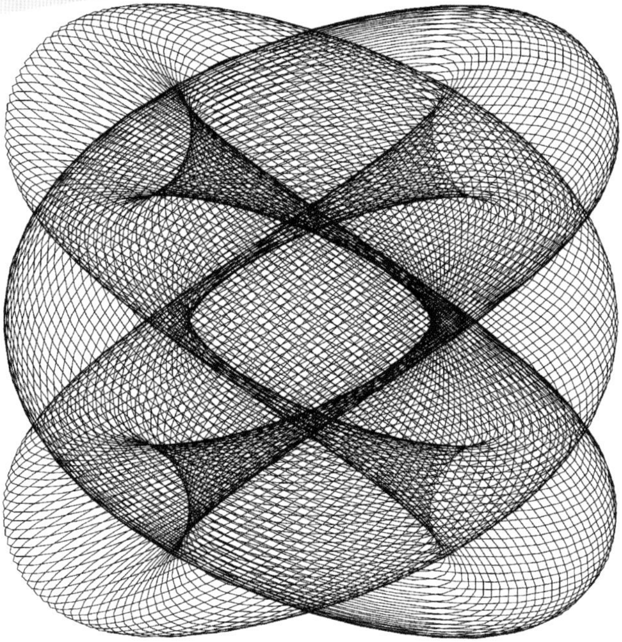

Kusurie 24 ペルビス

曲線パワーで骨盤のゆがみを正す

骨盤がゆがむと、余計な水分や老廃物が溜まりやすくなり、むくみの原因となります。この「数学クスリ絵」は骨盤のゆがみを改善し、血液やリンパの流れを解消する作用があります。

この絵柄を座布団に貼り、絵柄がお尻に当たるように座ります。すると、むくみが解消されるでしょう。むくみは、心臓や腎臓疾患が隠れていることもあるので、まずは医療機関へ。

その他の効果・効能

- デトックス効果を高める
- 骨盤のゆがみを解消する
- 腰痛の改善に

効果を上げるおすすめの使い方

おへそ、もしくはおへその背中側に貼ることで、むくみ解消効果が上がることがあります。あごに貼ってもよいでしょう。

クスリ絵ポケットカードはP.129へ

肩こり、首こりの改善に

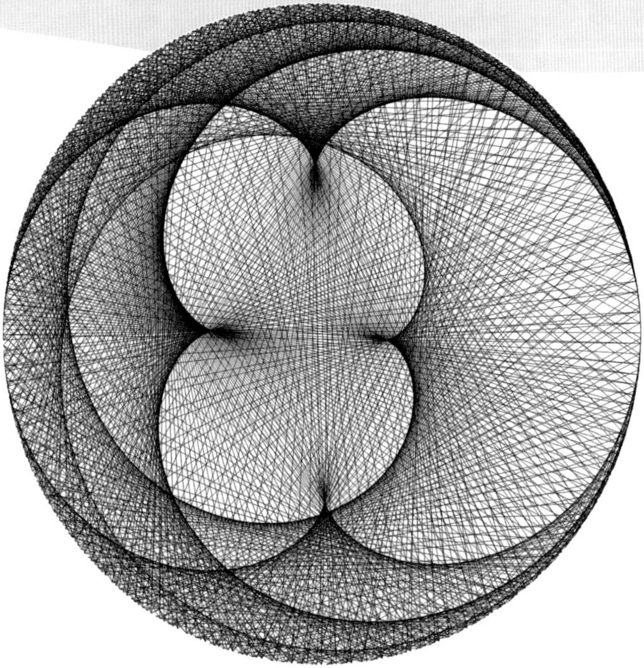

Kusurie 25 ホップ

数列の力で生命エネルギーを高める

生命エネルギーを活性化させる特別な数列（場合分け）をもとにチャネリング（P.24）してつくった「数学クスリ絵」です。肩や首のこり、腰のゆがみによる痛みの軽減に効果があります。

この絵柄はコピー可能です。10枚分コピーをして（P.121）、背骨に沿って10枚のこの絵柄を縦に並べて貼ると、全身がポカポカして冷えの改善にもつながります。

その他の効果・効能

- 全身の痛みの緩和に
- 腰痛の改善に
- 冷え症の改善に

効果を上げるおすすめの使い方

左記のように背骨に並べて貼る以外に、絵柄を外向きに向けて、肩や首、腰に貼ってもよいでしょう。

クスリ絵ポケットカードはP.129へ

腰の痛みをやわらげる

Kusurie 26 アルス

赤のパワーで可動域を広げる

「FOL(P.9)」をもとにチャネリング(P.24)してつくった、“医の神様”とも言える赤い絵柄。痛みを取り除き、関節の可動域を広げる効果が高い絵柄です。痛みの緩和だけでなく、めまいや耳鳴り、心の不調など、あらゆる症状に効果を発揮します。

肩や腰、ひざ、ひじなどの関節に貼るだけで、それぞれの可動域が大幅に改善します。

その他の効果・効能

- 関節痛の軽減に
- 関節の可動域を広げる
- ねこ背の改善に

効果を上げるおすすめの使い方

体にゆがみがある人は、この絵柄を布団の下い敷いて寝てみるとよいでしょう。朝もスッキリと目覚められるはずです。

クスリ絵ポケットカードはP.129へ

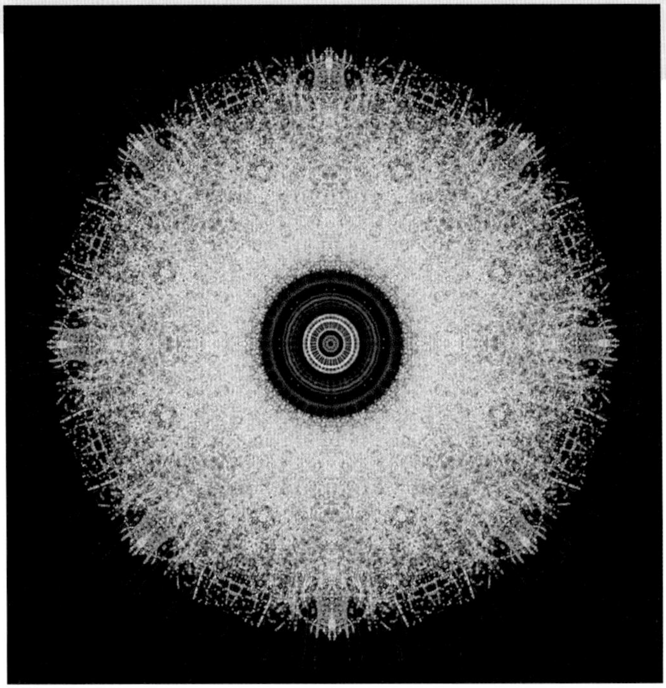

Kusurie 27 グール

脳から広がる神経ネットワークで

中心は脳を、ブルーの細かい線は神経ネットワークを表しています。

神経系が異常をきたすと、手のしびれやこわばりが起こったり、手足が動かしにくくなります。おもな原因は、首の上部にある第一頸椎と第二頸椎のゆがみ。そのため、首に貼るとよいでしょう。不眠やめまい、たちくらみなどの自律神経失調症の緩和にも効果的です。

その他の効果・効能

- 手のしびれ、こわばりの緩和に
- 首や肩の可動域を広げる
- 自律神経のバランスを整える

効果を上げるおすすめの使い方

絵柄を首の後ろや側面に貼ります。貼る前と後で、首や肩の可動域を比べてみるとよいでしょう。

クスリ絵ポケットカードはP.129へ

糖尿病の予防・改善に

Kusurie 28 腸

体内の取捨選択を行う

リサージュ曲線をもとにチャネリング(P.24)した「数学クスリ絵」です。腸の働きがよいと、体にとって必要なものは吸収し、不要なものは排出させるため、体の調子がよくなります。すると、腸内細菌のバランスが整い、糖尿病の予防・改善になります。

絵柄をお腹に当て、時計回りにさすってみましょう。腸の動きがよくなります。

その他の効果・効能

- 消化能力の向上に
- ダイエット効果を高める
- むくみの解消に

効果を上げるおすすめの使い方

血糖値を一定に保つインスリンの分泌を促す、膵臓の位置(みぞおちの下)に貼ってもよいでしょう。

クスリ絵ポケットカードは P.131 へ

血圧を安定させる

Kusurie 29 心筋魔方陣

心臓を包み込み休息をとらせて

似ているようで同じではない２種類の絵柄が、３×３の魔方陣に上下に配置されています。血圧は高すぎても、低すぎても健康を害します。

この絵柄を眺め、心臓を包むイメージをします。すると、心筋がリラックスし、血圧が安定するのです。ただし、血圧の値に問題がある人は、クスリ絵を使う前に必ず医療機関を受診しましょう。

その他の効果・効能

- 高血圧の予防・緩和に
- イライラを解消する
- 血流、冷え症の改善に

効果を上げるおすすめの使い方

絵柄を外に向けて、心臓の位置に貼ります。すると、血圧が正常化します。眺めて、深く深呼吸するだけでもよいでしょう。

クスリ絵ポケットカードはP.131へ

血管を強くする

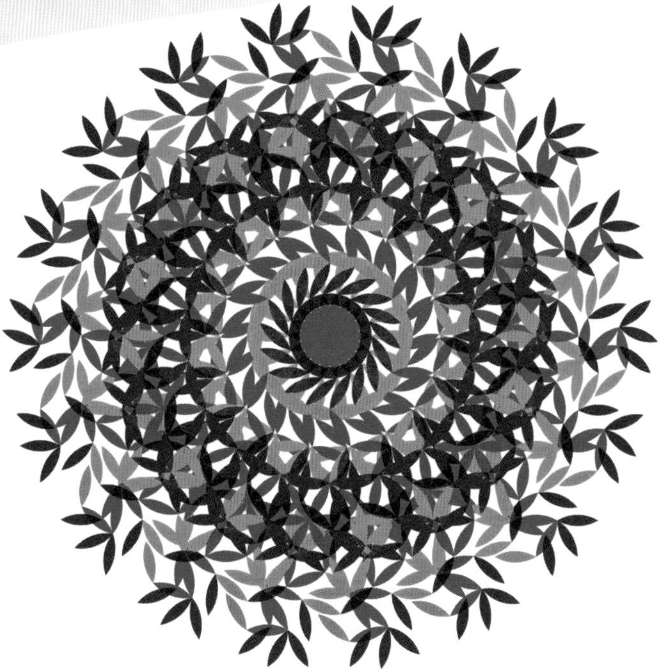

Kusurie 30 ディフェンス88

血流の要所を守る

守る＝ディフェンスという意味を兼ね備えた絵柄です。「88」はハート（心臓）の右心房、左心房、右心室、左心室を表します。ハートは血管の王様であり、血流の要所です。この絵柄は心臓をはじめとする、全身の血管を強くするパワーを秘めています。

心臓の位置に当て、「心臓さん、きれいな血液を全身に流してください」とお願いして。

その他の効果・効能

- 動脈硬化の予防・解消に
- 生活習慣病の予防に
- ネガティブエネルギーに対抗する

効果を上げるおすすめの使い方

心臓に当てる以外に、この絵柄に手を重ね、同じようにお願いします。すると、潜在意識とつながることができるでしょう。

クスリ絵ポケットカードは P.131 へ

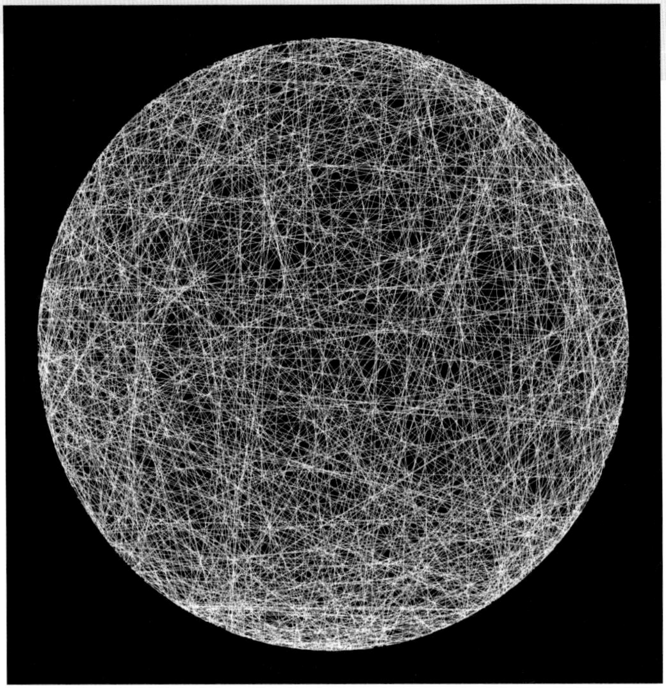

Kusurie 31 ランダムーン

数千もの幾何学からつくり上げた

一見すると夜空に浮かぶお月さまように見えますが、月の表面にあるクレーター(凹凸)がありません。これは幾何学(P.24)を使ってつくり上げた「数学クスリ絵」。何千もの幾何学から骨を丈夫にする働きを持つ幾何学を選びぬきました。密度の高い骨の内部を見ているようです。

背中をはじめ、骨のあらゆる場所に貼ることで、効果を発揮します。

その他の効果・効能

- 骨折予防に
- 骨粗しょう症予防に
- フレイル予防に

効果を上げるおすすめの使い方

ウォーキングなど、運動をする際にこの絵柄を持ち歩くことで、骨の強度、密度をより高めることができます。

クスリ絵ポケットカードは P.131 へ

アレルギー症状の緩和に

Kusurie 32 モブ

黒のパワーで症状を封じ込む

見ているだけで鼻がムズムズし、まるで鼻水がどんどん溢れてくるようです。背景の黒は、それを改善に導きます。アレルギー症状の緩和のためにつくった絵柄です。

１日１回この絵柄を眺めることで、次第にアレルギー症状が緩和されるので、毎日目にする場所に飾っておきましょう。スマホの壁紙にしてもよいでしょう。

その他の効果・効能

- 花粉症の軽減に
- 鼻水、鼻通りの解消に
- 尿もれの改善に

効果を上げるおすすめの使い方

絵柄の中心に治したいアレルギーの病名を書き、「もう卒業しました」と、自分のこころに宣言しましょう。

クスリ絵ポケットカードはP.131へ

かゆみの緩和に

Kusurie 33 ラドン

対抗するパワーで根源を絶つ

かゆみは、カビや細菌、ウイルス、電磁波、静電気などによって起こることがあります。特定の色や形には、これらに対抗する力があるため、この絵柄は特に電磁波や微生物が引き起こすかゆみを抑える効果があります。

この絵柄を手に持ち、かゆみの発生しているところをさすります。するとかゆみが緩和するでしょう。

その他の効果・効能

- 皮膚トラブルの緩和に
- 電磁波対策に
- 家カビの繁殖予防に

効果を上げるおすすめの使い方

絵柄でこする以外に、この絵柄の上にかゆみ止めのクリームや塗り薬を置いておくと、それらの効果が高まります。

クスリ絵ポケットカードはP.131へ

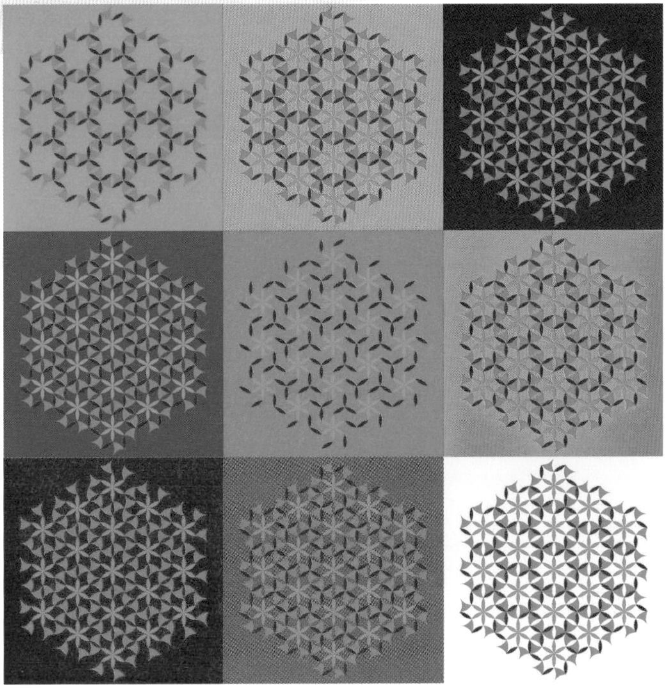

うつ

プチうつ状態の改善に

Kusurie 34 問題解決

脳の磁気的異常を抑える

うつなどの心の病気は、脳が発信したり、受信したりする磁気の異常によって起こるものがあると報告されています。この絵柄には、脳の磁気的な異常を是正する働きが宿っています。

絵柄を外側に向け、頭の上、右耳、左耳と順番に1分ずつ当ててみましょう。すると、気分の落ち込みや不安などが解消され、プチうつ状態が改善されるでしょう。

その他の効果・効能

- 不安の解消に
- 心の不安を軽減する
- ひらめき力を高める

効果を上げるおすすめの使い方

左記の方法以外に、帽子の内側にビニール袋などに入れて蒸れないように使っても、気分の落ち込みの改善に役立ちます。

クスリ絵ポケットカードはP.131へ

Kusurie 35　ブルーキャンドル

青い炎で心と脳を落ち着かせる

８本の青いろうそくが溶けたような絵柄です。「青」は脳と心を癒やし落ち着かせ、冷静さと沈着さを併せ持つエネルギーを持っています。そのため、自律神経のバランスを整える作用があるのです。

ヨガや瞑想、マインドフルネスを行う前に、数分間この絵柄を眺めると、それらの効果を十分に味わうことができるでしょう。

その他の効果・効能

- 心に平穏がもたらされる
- 心配事を解消する
- 不眠症の改善に

効果を上げるおすすめの使い方

この絵柄を外に向け、眉間に貼ってみましょう。すると、心が落ち着いてくるのがわかるでしょう。

クスリ絵ポケットカードはP.131へ

Part 3

美しさと幸運を引き寄せるためのクスリ絵

誰もが欲しいと願う、美しさと運のよさ。
これらの引き寄せるための絵柄を厳選いたしました。
ビビッと惹かれる絵柄は、今のあなたが必要としてエネルギーを放っています。

Kusurie 36 ソイル

大地を覆う土の力で美の土台を築く

土を彷彿とさせる絵柄です。植物や生物を生み育て、水を蓄えて浄化。さらには、大気の組成にまで影響を与える、まさに“生命を育み、循環させる大地”を形成する「土」。その土が持つ偉大な力を感じさせます。

土壌のような色と形は、手にする人の基礎体力や能力を育て養います。心身ともに美しく凛とした佇まいを醸す基礎固めができます。

その他の効果・効能

- 基礎的な体力を培う
- 能力の基礎固めができる
- エネルギーバランスをとる

効果を上げるおすすめの使い方

中央に美しさを放つ理想の自分について、詳しく書き込んでください。絵柄を見ながら努力を重ねるうちに理想に近づきます。

クスリ絵ポケットカードはP.131へ

美意識

美しく若返る

Kusurie 37 奇跡をよぶ魔方陣

細胞が生まれ変わり若々しさを維持

3×3＝9に区切られたの「魔方陣」が、黄・オリーブ・赤・オレンジ・緑・藍・紫・チリ色・青という、潜在意識を示す9色(P.24)で表現されています。

この魔方陣が点対象に2つ組み合わされた絵柄からは、生命エネルギーが溢れ出ています。エネルギッシュな力が細胞のすみずみに届いて新陳代謝を促進し、若々しさが保たれます。

その他の効果・効能

- 美肌になれる
- ダイエット効果を高める
- 人間関係がよくなる

効果を上げるおすすめの使い方

右手の人差し指で18個の区画をゆっくりと指印を押すように触れていきましょう。このとき、指や手、体が熱くなることも。

クスリ絵ポケットカードはP.133へ

Kusurie 38 ハーモナイト

美の妖精が美しさを引き出す

ハーモナイトとは調和という意味で、あなたと美しさを融合・調和させてくれます。美の妖精が住む花のような優しいピンクの輪から放たれる白の光を見ているだけで、緊張はほぐれ、心身が癒やされていきます。同時に内なる美しさが外へ向かって輝き出します。

心からの笑顔が出ない、お肌の調子がよくないときは、この絵柄のパワーを借りましょう。

その他の効果・効能

- 笑顔が引き出される
- 皮膚トラブルの緩和に
- 緊張がゆるんでリラックスする

効果を上げるおすすめの使い方

メイク時に鏡の横や近くに置いておくとよいでしょう。美を創造するエネルギーが、お肌にも浸透していきます。

クスリ絵ポケットカードはP.133へ

美意識

ダイエットを成功させる

Kusurie 39 ホエール

幸運のクジラが体を美しく整える

ハワイではクジラを幸運をもたらす生き物と考えるように、クジラの尾は“幸運の象徴”です。絵柄の青色はクジラの尾を表現し、8匹のクジラが光の中に飛び込んでいく様子が描かれています。「8」には安定という意味も含まれ、安定的な幸運を手にしやすくなるでしょう。

腸を整え、体を引き締め、ダイエット効果が期待できる絵柄でもあります。

その他の効果・効能

- 整腸作用、便秘の解消
- 幸運を引き寄せる
- うつ症状の改善

効果を上げるおすすめの使い方

お腹、背中、お尻、わき腹など、集中的にやせたい部分に貼ると効果がアップ。特に上半身の痩身効果が高いです。

クスリ絵ポケットカードはP.133へ

白く美しい肌に

Kusurie 40 白の女王

透明感のある素肌美人になれる

陶器のような白い肌は誰にとっても憧れ。雪の結晶のように透明感のある美しい絵柄から放たれるパワーは、素肌美人になるためのエネルギーそのものです。

日焼けや乾燥などでダメージを受けた肌の修復を促すように、みずみずしい素肌の持ち主になれます。毛穴やシミを悲観せず、美しく磨かれた肌になる自分を常にイメージしていて。

その他の効果・効能

- 明るく前向きになれる
- 純真無垢な自分でいられる
- ネガティブエネルギーからの防御

効果を上げるおすすめの使い方

化粧品を置く場所に飾っておくと、そのエネルギーが化粧品にも共鳴し、あなたの美を強力にサポートしてくれます。

クスリ絵ポケットカードは P.133 へ

美しい髪を手に入れる

Kusurie 41 リス

ハリ、コシのある健康的な艶髪に

リスのフサフサなしっぽを感じさせるこの絵柄は、美しい髪の毛とリンクします。ハリやコシがなくなった髪の毛が英気を取り戻すように、髪本来の美しさが復活するようです。美容院や理容店などに飾ると商売繁盛につながることも。

なおドライヤーから出る電磁波は髪の大敵です。ドライヤーはなるべく使わず、自然乾燥にするか、ドライヤー本体を電磁波対策して。

その他の効果・効能

- 頭皮を守る
- 美容院、理容店の商売繁盛
- 血流、冷え症の改善に

効果を上げるおすすめの使い方

シャンプーやコンディショナー、トリートメントなどをこの絵柄の上に数時間のせた後に使用すると、美髪効果がアップ。

クスリ絵ポケットカードはP.133へ

女性の味方になるお守りに

Kusurie 42　ガーテクト

肌身離さず女性の守り神を側に

ガーテクトと名づけたこの絵柄は、ガールを守る（＝プロテクト）というワードのインスピレーションを受けたもの。まさに“女性のお守り”として生み出されたと言えます。

小さなお守り用の布袋をつくり、この絵柄に自分の名前と生年月日を書いて入れます。それを身につけておくと、あなたを困難や災いから守り、助けてくれるでしょう。

その他の効果・効能

- 災いを跳ね除ける
- マイナス感情の浄化
- 金運が上がる

効果を上げるおすすめの使い方

ブラジャーの内側でもよいので、胸の中央に入れておくと、危険を跳ね除けてお守りの効果が高まるようです。

クスリ絵ポケットカードは P.133 へ

女性の神性を高める

Kusurie 43 カラフルアイス

多彩な能力が花開く

カラフルな模様が示すのは、多彩な能力。魅力や才気が多方面から引き出され、神性なカリスマとしても認められやすくなるでしょう。

幸運を引き寄せる力を持つことに加え、芸術や音楽の才能を芽吹かせる力があります。クリエイティブな仕事に就いている人は、オリジナリティ溢れる作品創作の道が開けるでしょう。人の温かい愛情にも包まれやすくなります。

その他の効果・効能

- 幸運を引き寄せる
- 芸術や音楽の才能を開花させる
- 恋愛運が上昇する

効果を上げるおすすめの使い方

開花させたい能力を絵柄の中央に具体的に書いておきましょう。その能力だけでなく、付随する能力にも長けるように。

クスリ絵ポケットカードはP.133へ

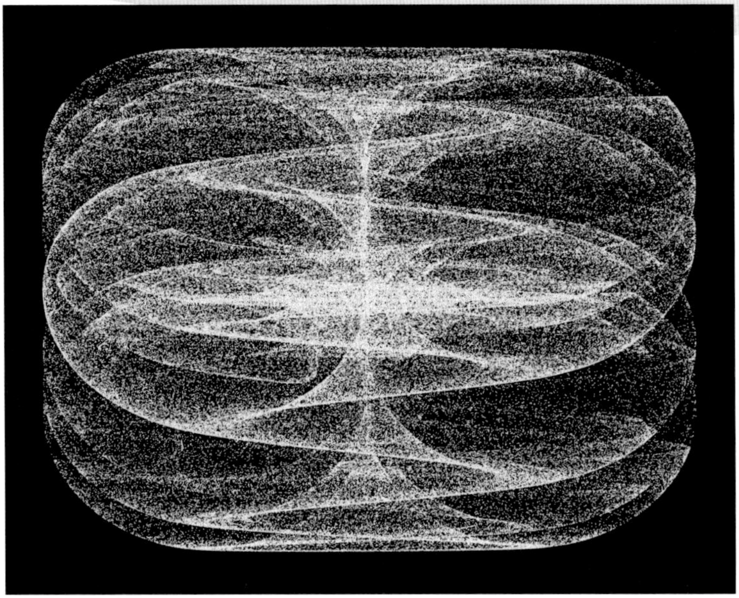

Kusurie 44 ウテルス

ホルモンを調整して心身を安定

女性の心身に大きく影響を与えているホルモンバランスを整える「数学クスリ絵」。ウテルスとは子宮のこと。命を生み育てる女性ならではの臓器からインスピレーションを受けました。

子宮や卵巣などの女性器のトラブルだけでなく、女性ホルモンを中心にさまざまなホルモンのバランスを整えて心身を安定させます。イライラや不安が強いときにも有効です。

その他の効果・効能

- 生理痛、PMSの緩和
- 更年期症状の予防・緩和に
- イライラや不安感の解消

効果を上げるおすすめの使い方

心身の調和が取れないときに下腹部に貼りましょう。ホルモンバランスが整い、女性特有のトラブルが解決しやすくなります。

クスリ絵ポケットカードは P.133 へ

子宝

子宝祈願のお守りに

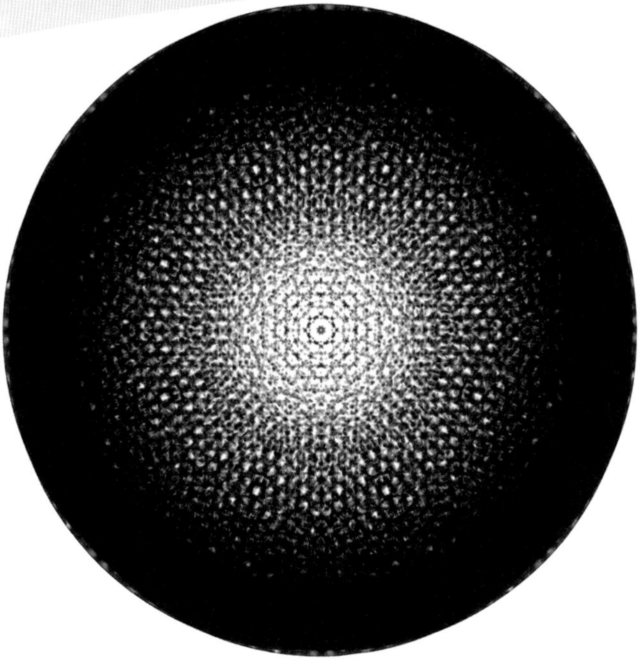

Kusurie 45 プラドー

新しい生命誕生の瞬間が今ここに

中心の⊙は卵子を表し、その周りに無数の精子がいるように模された生命誕生の象徴です。女性、男性を問わず、生命を生み出すパワーに満たされやすくなります。

この絵柄のパワーを感じながら光に包まれる温かい気持ちで過ごせば、子宝に恵まれやすくなるでしょう。その他、体を冷やさないように心がけ、子どもを守る環境を整えましょう。

その他の効果・効能

- 男性性や女性性を強める
- 生理不順を整える
- 精力を高める

効果を上げるおすすめの使い方

絵柄の背景にピンクや赤、黄色など好きな色を塗って寝室に飾っておくと、効果がより出やすくなるでしょう。

クスリ絵ポケットカードはP.133へ

Kusurie 46 おくら∞《むげん》1

胎児の健やかな成長を助ける

オクラは自然が生み出した神のデザイン。この絵柄をお腹にいる子どものそばに置いてあげるとエネルギーをキャッチしてリラックス。健やかな成長につながりやすくなります。

実は私は、娘のお腹にいた6か月の胎児と話をしたことがあります。そのときはテレパシーのようなもので会話をしました。驚くことに胎児は私たちの思いを感じるのです。

その他の効果・効能

- 親子の愛情が強化される
- 体の緊張がゆるんでリラックス
- 楽しいことが起こる

効果を上げるおすすめの使い方

お腹にこの絵柄を当てながら、お腹の子どもに優しく話しかけてあげてください。子どもはちゃんと聞いていますよ。

クスリ絵ポケットカードは P.135 へ

願望実現

願いを叶える

Kusurie 47 マクロコスモ

願望実現パワーNo.1の実力を発揮

赤・黄・緑・青は潜在意識が喜ぶ色で、強力に願いを叶える力を持つ絵柄です。その実力は本書で紹介するクスリ絵でトップクラス。

私自身もこの絵柄をハンカチにして持ち歩いています。そのおかげか、思っている以上に物事がうまく進みます。必要なもの、アイデアが自然と出てくるようになり、人間関係がうまくいき始めます。

その他の効果・効能

- 思い通りに物事が進んでいく
- 金運が上がる
- 病気平癒を願って

効果を上げるおすすめの使い方

叶えたい願いを絵柄の上に具体的に書き、ハンカチやハンドタオルに挟んで持ち歩きましょう。願いが叶いやすくなります。

クスリ絵ポケットカードは P.135 へ

幸運を引き寄せる

Kusurie 48　サンラ

4色のパワーで幸運を引き寄せる

この絵柄に使われる４色の色には意味があります。赤色はイエス・キリストの愛、黄色はブッダの慈悲、青色はモーゼの知恵、緑はモハメッドの力を表します。この４つの力がバランスよく共鳴し合いながら、幸運を引き寄せます。

「ありがとう」「ごめんなさい」「許してください」「愛しています」の４つの言葉を唱えると、心が浄化され、絵柄の力がさらに発揮されます。

その他の効果・効能

- 悩みや苦しみを手放せる
- 心に平穏がもたらされる
- 曖昧なことが曖昧でなくなる

効果を上げるおすすめの使い方

絵柄に両手を置いて、「ありがとう」「ごめんなさい」「許してください」「愛しています」の４つの言葉を唱えましょう。

クスリ絵ポケットカードはP.135へ

ハッピーな気分になれる

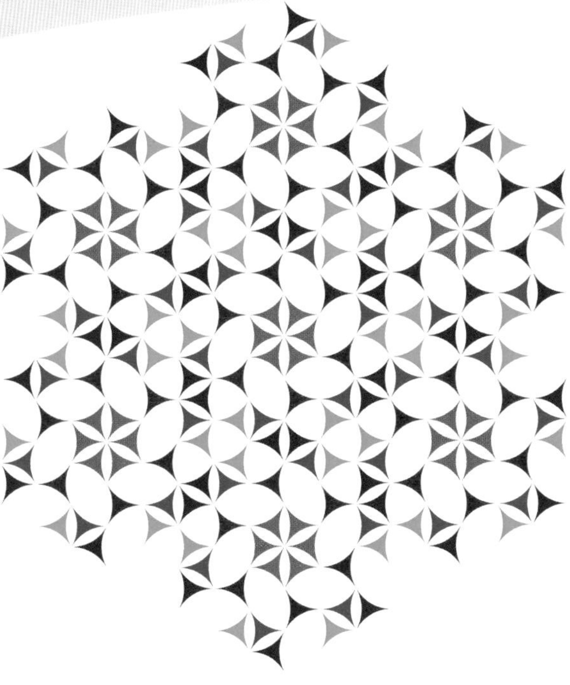

Kusurie 49 金のドラゴン

開運をもたらす龍への仲介役

幸せは龍が連れてくると言われ、開運の象徴でもあります。この絵柄は龍と私たちをつなぐ電波やテレパシーのような役割。この絵柄を見ているだけで、幸せな気分に包まれるはず。絵柄を通じて龍へ願いごとをしてみましょう。

実は、私と私の娘は島根県の須佐神社で実際に天へ駆け上る双龍(ダブルドラゴン)を目撃したことがあります。龍は本当にいるのです。

その他の効果・効能

- 幸運を引き寄せる
- 願いを叶える
- 人生の目標に気づく

効果を上げるおすすめの使い方

この絵柄を天にかざすと、龍との架け橋になってくれます。絵柄に向かって、願いごとを伝えてみましょう。

クスリ絵ポケットカードはP.135へ

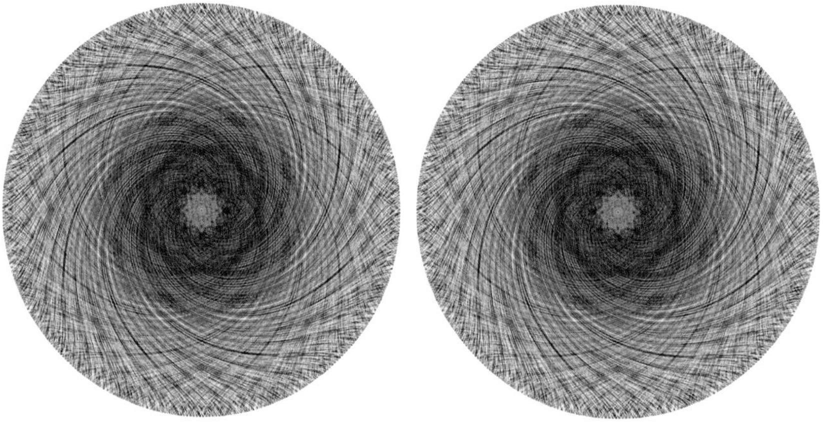

Kusurie 50 丹田《たんでん》気功

波長の合う運命の人と引き合わせる

右回転と左回転の図形を重ねてセットにした、この本の中で最もパワーの強い絵柄です。波長の合う相手と引き合い、調和が生まれています。出会いは男女間の恋愛対象に限らず、仕事のパートナーや人生におけるかけがえのない相手との出会いも引き寄せやすくなります。

持ち歩くのがベストですが、難しい場合はスマホで撮影したものを見てもかまいません。

その他の効果・効能

- 仕事のパートナーに出会える
- 人生の師に出会える
- 人生を好転させる

効果を上げるおすすめの使い方

絵柄を中央に縦で山折りにし、おへその位置に肌着の上から貼りましょう。お腹がポカポカし、体中にエネルギーがめぐります。

クスリ絵ポケットカードはP.135へ

意中の人との恋を成就する

Kusurie 51 リンドウ

恋の種が芽を出すその日に向けて

可憐に咲くリンドウの花びらの周りに描かれている、白い米粒の形をしたものは“恋の種子”です。芽を出し、いつか恋が実るその日のために、エネルギーを蓄えています。

絵柄を見ながら恋を成就させたい人の姿、形、声、着ている服などをできるだけ鮮明に思い出してください。思いの力が恋の種を目覚めさせ、花咲く日が刻々と近づいてきますよ。

その他の効果・効能

- 絆を強くする
- 人間関係がよくなる
- 自分の魅力を発信する

効果を上げるおすすめの使い方

絵柄の中心部分に意中の人の名前を書いておきましょう。その人の容姿や声を思い浮かべながら、2人の幸せな未来を想像して。

クスリ絵ポケットカードは P.135 へ

愛の絆を深める

Kusurie 52 ドロセラ

絆が深まり、そして永遠の愛となる…

高貴さやスピリチュアルを表す紫色の中に、輝く8個のハートが描かれています。愛する二人がこのハートを眺めるとき、二人の愛はより強固なものになっていくでしょう。そして、この絵柄を見ながら二人でゆるぎない愛を育むと誓ってください。

関係性がこじれたときには、再びこの絵柄を手にすると修復しやすくなります。

その他の効果・効能

- 生涯のパートナーとして愛を育める
- 恋人関係の修復
- 相手の気持ちがわかる

効果を上げるおすすめの使い方

二人の思いを絵柄に書き込んでおきましょう。その思いは強化され、続いていきやすくなります。よい記念にもなりますよ。

クスリ絵ポケットカードはP.135へ

欲しいものを手に入れる

Kusurie 53 ウェアラブル

欲しいものを身につけられる状態に

ウェアラブルとは「装着できる」「身に着けられる」という意味。そして、青は水、赤は火を表し、火水《カミ》を意味します。そのため、自分の人生を創造することができるようになるので、結果として欲しいものが身につけられる状態になるよう引き寄せるのです。

この絵柄を見ながら、それを使って何をしたいのか明確に想像してみましょう。

その他の効果・効能

- 自分の思いを広げる
- 本当に欲しいものに気づく
- 人生の目標に気づく

効果を上げるおすすめの使い方

欲しいものの色、形、手触り、使い勝手などを明確にイメージします。明確であるほど、引き寄せやすくなるものです。

クスリ絵ポケットカードはP.135へ

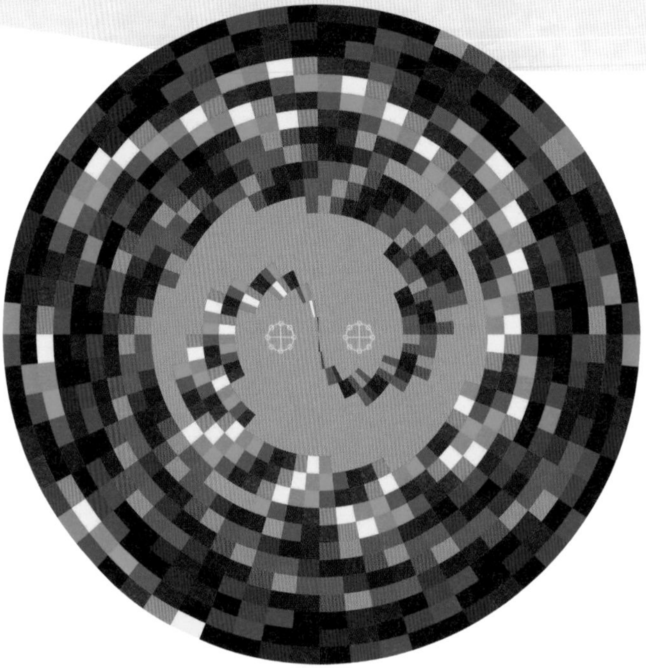

Kusurie 54 カタカムナゴールデンドラゴン

黄金の2体の龍が金運をもたらす

カタカムナの叡知《えいち》より生まれた、絡み合う2体の龍のシルエット。金色の龍は金運をもたらすエネルギーそのものです。

この絵柄を見つめているとドラゴンとつながり、潜在意識とアクセスして金運がアップ。給料が上がったり、臨時収入が増えたり、投資がうまくいくなどお金に恵まれやすくなります。収入アップにつながる仕事運も向上します。

その他の効果・効能

- 仕事運の向上
- 痛みを癒やす
- 開運に導く

効果を上げるおすすめの使い方

絵柄を見つめながら「経済的なサポートをお願いします」と唱えると、その願いがドラゴンに届きやすくなります。

クスリ絵ポケットカードはP.135へ

商売繁盛・千客万来に

Kusurie 55 経理、お金の安定

商売や商談がうまくいき収入がアップ

「FOL(P.9)」という神聖幾何学からつくった絵柄で、高次元の存在から神山三津夫先生がチャネリング(P.24)で得た数をもとにしています。お金の問題が解決したり、経理上の物事をスムーズに進める力があります。

商売をしている人はお店の入り口に貼るとお客さんが増えたり、大事な商談時に身につけていると交渉が有利に運びそうです。

その他の効果・効能

- 金銭トラブルを解決する
- 仕事での増収につながる
- 人付き合いがよくなる

効果を上げるおすすめの使い方

お店の入り口に貼れば客足が増え、レジ横に貼ったりしておくと、お金が舞い込みやすいでしょう。

クスリ絵ポケットカードはP.137へ

仕事の成果を上げる

Kusurie 56 ユキナ

仕事でうまくいかないときの助けに

白は頭上、青は眉間のチャクラを活性化させ、８方向にそのエネルギーを広げます。この絵柄のパワーは、あらゆる方面、分野、人、次元からの助けを受けやすくすること。それによって、仕事における成果が出やすくなります。

仕事用のバッグに入れるのがベストですが、パソコンやタブレット、スマホの待ち受けにしてもよいでしょう。

その他の効果・効能

- 努力が実る
- チャンスに強くなる
- 生活基盤を強化する

効果を上げるおすすめの使い方

絵柄の中心に成果を上げたい事柄を具体的に書いたり、絵にしたりして目につくところに貼ると効果が発揮されやすいです。

クスリ絵ポケットカードはP.137へ

悪運退散

人生を好転させる

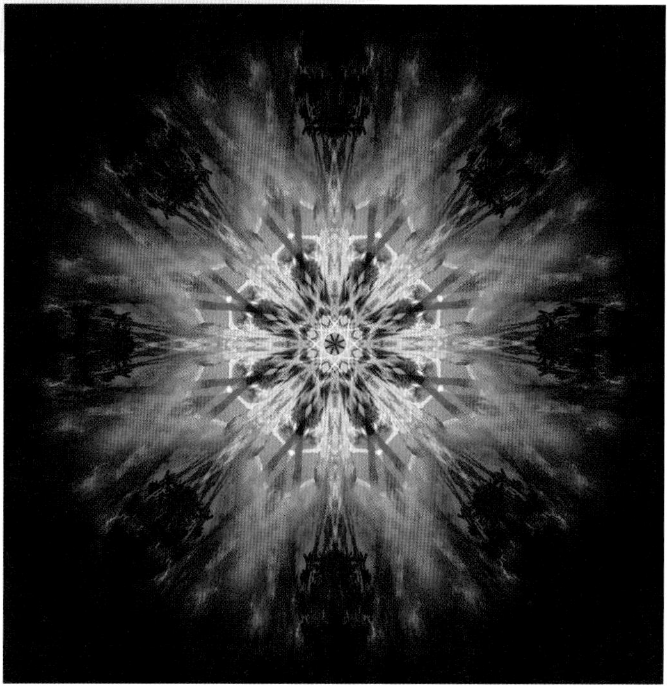

Kusurie 57 フラビ

悪運を跳ね除け、素晴らしい人生に

ほとばしるような赤は、エネルギーが放射状に勢いよく広がる様子を示しています。青は眉間にある松果体《しょうかたい》を刺激する色で、現実をよい方向に導く力を持ちます。

この絵を見ながら宇宙に「感謝します。ありがとう」、地球に「感謝します。ありがとう」、父母、すべての人やものに「感謝します。ありがとう」と毎日言うと、必ず人生は好転します。

その他の効果・効能

- ツイている人になれる
- 思いを現実化させる
- 影響力がアップする

効果を上げるおすすめの使い方

この絵柄を見て、「感謝します。ありがとう」の言葉を毎日唱えましょう。日に日に絵柄のパワーが増強されていきます。

クスリ絵ポケットカードは P.137 へ

不幸を遠ざけ、幸運を招く

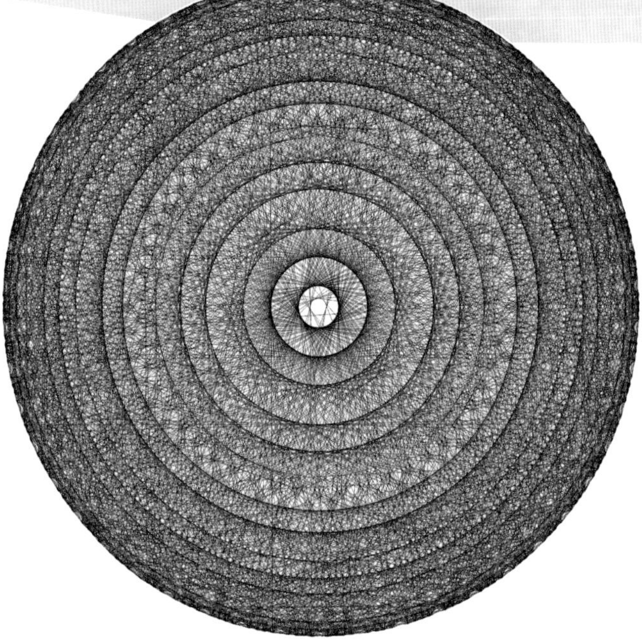

Kusurie 58 ブレストライト

不幸を避け、幸せの入り口となる

特殊な数列から導いた「数学クスリ絵」で、悪運から私たちを守る盾のような存在です。10以上のゾーンから構成されていて、それぞれのゾーンにある周波があらゆる邪気を払い、調和させ、幸運に導く働きがあります。

よくない運気を遮断する力が強いので、家のさまざまなところに貼っておきましょう。電磁波から体を守る作用もあります。

その他の効果・効能

- 邪気を払う
- 体の治癒力を上げる
- 潜在意識のクリーニング

効果を上げるおすすめの使い方

家に貼っておけば邪気を払うほか、体のよくない部分に貼っておくと自然治癒力を高めてくれます。

クスリ絵ポケットカードはP.137へ

Part
4

豊かな毎日を送るためのクスリ絵

健康や美しさ、自分の運気を高めた後は、
より生活に寄り添った豊かな毎日を送るためのクスリ絵を紹介します。
自分以外の家族や友人にもぜひ活用してみましょう。

家庭を円満にする

Kusurie 59　エンジェルフォース

愛が丸く広がる家庭円満の象徴

『旧約聖書』のノアの方舟《はこぶね》で有名な聖人ノアのパワーがこの絵柄に宿っていて、見る人にも同じパワーを与えてくれます。人間関係を良好にするピンク色の作用によって、恋愛や家庭での愛が育まれやすく円満になります。

４カ所に書かれている文字は「ありがとう」「ごめんなさい」「許してください」「愛しています」が込められています。

その他の効果・効能

- 恋愛運が上昇する
- 人間関係がよくなる
- ストレスへの抵抗力を高める

効果を上げるおすすめの使い方

家族団らんの場であるリビングやダイニングの見えるところに貼っておくと、家族全員が愛で満たされやすくなるでしょう。

クスリ絵ポケットカードはP.137､143へ

※丸山先生が特におすすめするカードなので、２枚付録。

子どもの成長祈願

Kusurie 60 グッドグロース

子どもの健やかな成長のお供に

潜在意識が喜ぶ赤・黄・緑・青を配色し、子どもの心身の健やかな成長を助けます。

潜在意識と顕在意識の境界線が薄い子どもは、こうした素晴らしい波長の絵柄のパワーをキャッチしやすいです。子ども部屋やランドセルなど、子どもの身近なところに配しておけば、笑顔が増え、その子ならではの個性が活きる幸せな時間を過ごしてもらえるはずです。

その他の効果・効能

- 子どもとの良好な関係づくりに
- 親の愛情を溢れさせる
- 子どもの能力アップ

効果を上げるおすすめの使い方

子どもの写真の後ろに入れたり、子ども部屋に貼ったり、手づくりのお守り袋に入れてランドセルに入れておくとよいでしょう。

クスリ絵ポケットカードは P.137 へ

子どもの素直さを引き出す

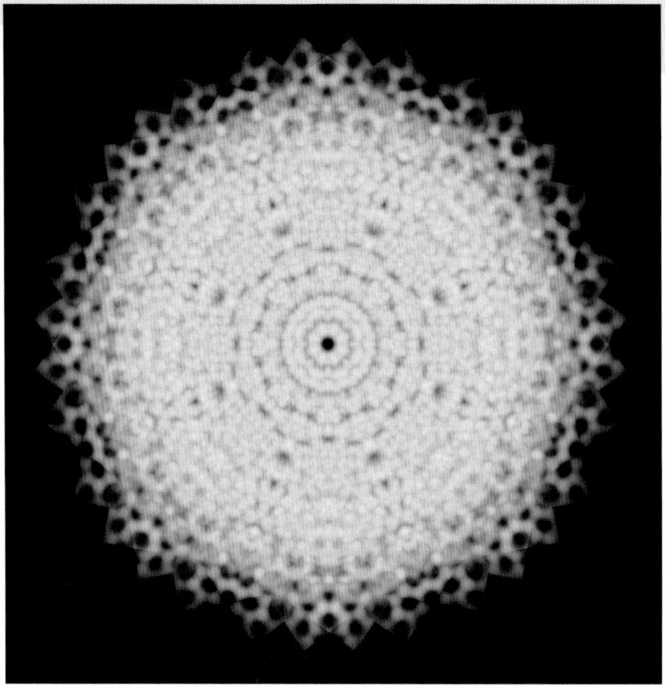

Kusurie 61 水紋

子どもの好奇心や素直さが広がる

子どもが大好きな水遊びによって生まれる、水紋を彷彿とさせる絵柄。子どもの好奇心を大きくし、子どもがワクワクと物事を楽しむ能力を増大してくれます。子どもが本来持っている、やる気や素直さを引き出す効果も期待できます。

大人が持つことで、薄れがちな好奇心や固執した考えからの脱却を図れるなど、楽しみながら前進する力を与えてくれるでしょう。

その他の効果・効能

- 子どもの好奇心を旺盛にする
- 子どものやる気を引き出す
- 日常を楽しむ心を増幅する

効果を上げるおすすめの使い方

絵柄の中央に子どもの名前を書き、子ども部屋に貼りましょう。子ども本来の笑顔と素直さを引き出しやすくなります。

クスリ絵ポケットカードはP.137へ

仕事で出世する

Kusurie 62 フーリン

多面的な見方ができる人材に

この絵柄は面ではなく立体として見るようにすると、平面を見慣れている意識が１次元上の立体を見る意識に自然と移行していきます。一元的だった物の見方が多面的になるため、成功するにはどうすべきかの道すじが見えてきます。

自分のすべきことがわかって実行に移せれば、自然とチームはまとまり、信頼感が生まれ、出世の道も近づいていきます。

その他の効果・効能

- 新しい見方を発見できる
- 堂々めぐりをする問題の解決に
- 間違いをなくす

効果を上げるおすすめの使い方

仕事で持ち歩くバッグや、業務机の中に入れておきましょう。ひとつのことに囚われていると感じたら、絵柄を見るように。

クスリ絵ポケットカードはP.137へ

事業と学業の成功に

Kusurie 63 ズーム

持てる力を集め最大限の成果へ

カメラのズーム機能のように、一点に絞り込むよう促してくれる絵柄です。潜在意識が持つ９種の色がズームを構成するようなこの絵柄は、持てる力を一点に集中し、ここぞというときに力を発揮させてくれます。

事業でも学業でも、今こそがんばるとき、自分の力を最大限に発揮するときというタイミングで、この絵柄のパワーを借りてみましょう。

その他の効果・効能

- 合格祈願に
- 集中力を高める
- 勝負どころで力を発揮する

効果を上げるおすすめの使い方

９色からなるズームが、中心に集まっていくように回転するイメージをふくらませると、よりいっそう効果が上がります。

クスリ絵ポケットカードはP.137へ

勉学

頭脳明晰になる

Kusurie 64 ブレインクリア

頭の中をクリアにして情報を整理

ブレインクリアという名前の通り、頭の中を一度空っぽにしたり、脳内での考えごとを整理したいときに活用するとよい絵柄です。堂々めぐりをしたり、答えが見えずに頭の中で霧がかかったような状態になっているときにぜひ。

手帳やノート、ファイルに入れておくと、頭がクリアになります。特に勉学に励む人が手にすると成績アップにつながりやすくなります。

その他の効果・効能

- 頭の中をクリアにする
- 堂々めぐりをする問題の解決に
- 困難に打ち勝つ

効果を上げるおすすめの使い方

カードを円形に切り抜き、絵柄を外側に向けて頭の上、左耳、右耳の順に当てるとよいでしょう。

クスリ絵ポケットカードは P.139 へ

頭の回転がよくなる

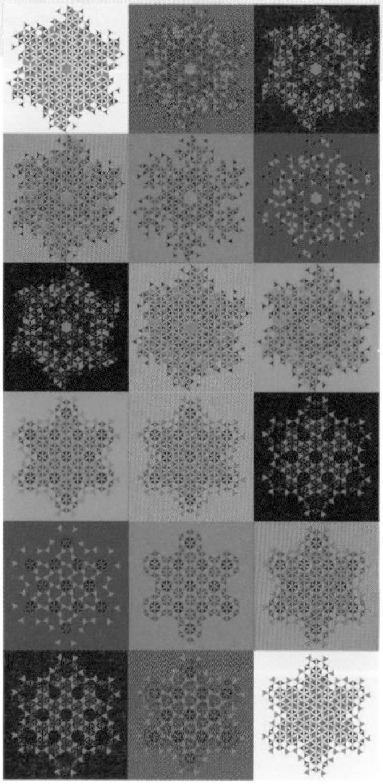

Kusurie 65 フルーツブレイン

脳のエネルギーを補給して活性化

仕事や勉強で集中作業が続くと、脳は疲労して甘いものを欲します。そんなときには、フルーツのようなこの絵柄を見ることで脳のエネルギー補給になります。それによって、再び頭の回転がよくなります。

血糖に問題がある人にもおすすめです。この絵柄を数分見てから食事を始めると、過食や早食いが少なくなります。

その他の効果・効能

- 脳の疲労回復
- 血糖値コントロールに
- ダイエット効果を高める

効果を上げるおすすめの使い方

疲れたときに実際に甘いものを食べると、その後眠くなってしまうことも。甘いものに手を出す前にこの絵柄をじっと見つめて。

クスリ絵ポケットカードはP.139へ

可能性を広げる

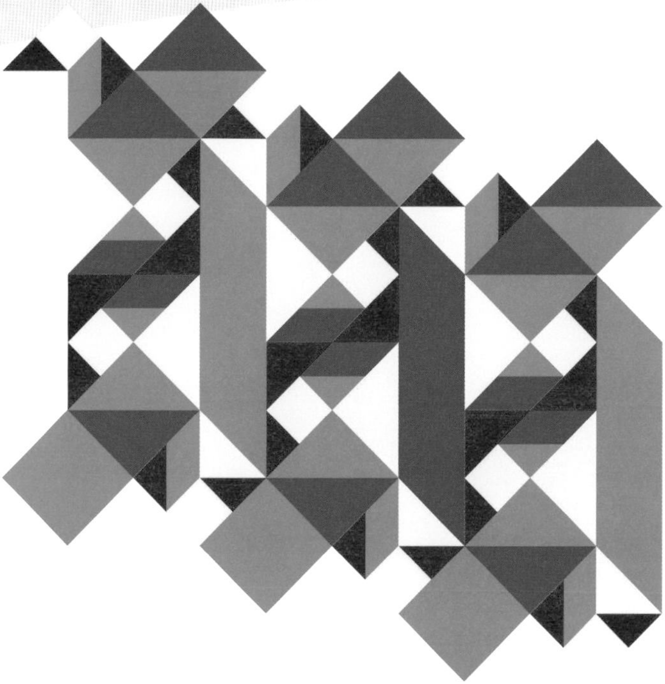

Kusurie 66 つみ木

ピースを積み重ねて可能性を広げる

つみ木を１ピースずつ組み合わせれば、できる形は無限大。まさに可能性の塊です。もし、自分の可能性を信じることができないようなら、この絵柄のパワーを借りましょう。視野が広がり、可能性が広がります。

つみ木の一つひとつの部分に、自分の可能性を書き込んでおくと無理だと思われることも、すんなり実現できる可能性が広がります。

その他の効果・効能

- 知らなかった世界を知ることができる
- コツコツ積み重ねる努力ができる
- 貯金が増える

効果を上げるおすすめの使い方

つみ木に自分の可能性を書き込み、この積み木がどんどん広がっていくようにイメージしながら眺めるとよいでしょう。

クスリ絵ポケットカードはP.139へ

新しいことに対するサポート

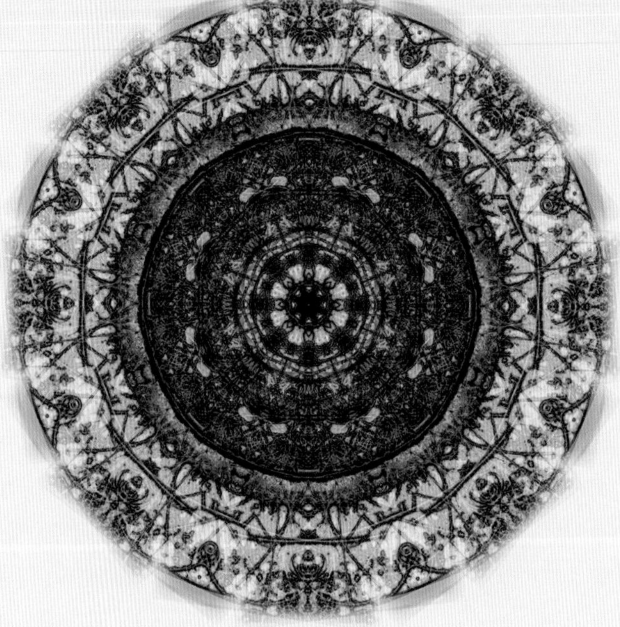

Kusurie 67 アカシックゲート

新規事業に必要な情報に出合える

新しいプロジェクトに関わったり、起業をしたりなど、新しいことを始めるあなたに必要な情報を得やすくなる絵柄です。

宇宙図書館には元始からのすべての事象、想念、感情が記録される「アカシックレコード」が保存されています。宇宙図書館には33段の階段を昇っていくそうです。この階段を昇れば、あなたに必要な資料を取り出せるでしょう。

その他の効果・効能

- フレッシュな気持ちでスタートできる
- 新しい一歩を踏み出す力がつく
- 問題の解決法が見つかる

効果を上げるおすすめの使い方

この絵柄を見ながら1から33までゆっくりと数を数えてみましょう。新規事業に必要なインスピレーションが降りてきます。

クスリ絵ポケットカードはP.139へ

ひらめき力を高める

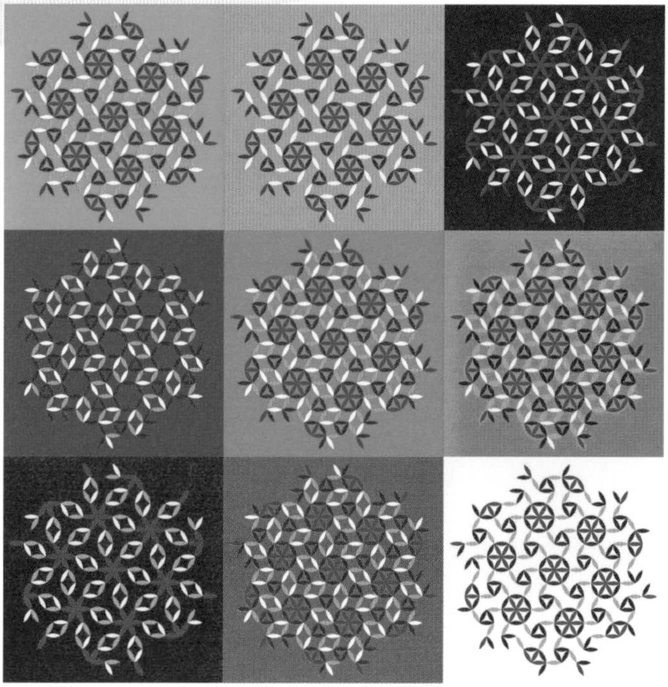

Kusurie 68 オールマイティ魔方陣

9つの花の助けでひらめき力が開花

キラリと輝く素晴らしいアイデアをひらめく能力を高めるパワーを与えてくれる9つの花の絵柄です。オールマイティという名がつくことからも示されるように、色々な分野で成功するエネルギーを持っています。

とはいえ、漠然と望むだけではひらめきは生まれません。ひらめかせたい分野をはっきりさせてから絵柄を見るようにしましょう。

その他の効果・効能

- 豊かな発想力がつく
- アイデアが実現に近づく
- 囚われがなくなる

効果を上げるおすすめの使い方

ひらめきがほしい項目をはっきりさせ、9種の文様を一つずつ見ていきます。すると必要なひらめきが降りてきやすくなります。

クスリ絵ポケットカードはP.139へ

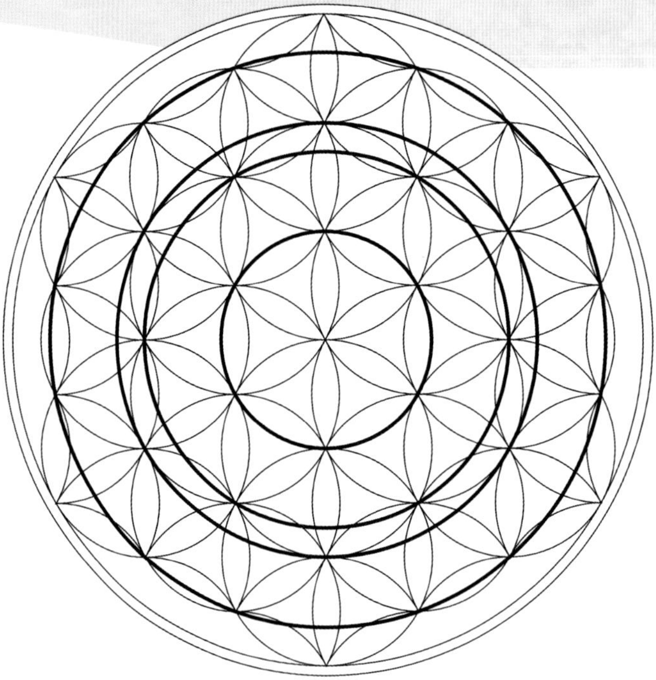

Kusurie 69 スイッチオン

やる気スイッチは自分色で彩って

気乗りしない、やる気が出ないときに、やる気スイッチをオンに切り替える絵柄です。

まずは、この絵柄を好きな色で塗りましょう。あなたの気持ちを切り替えるには、自分で選んだ色の組み合わせが最適なスイッチになるのです。完成したものを見ていると何だかワクワクし、見ているだけで愛着が湧くでしょう。何度も見ているうちにやる気がアップします。

その他の効果・効能

- 物事に積極的に取り組める
- 気分転換ができる
- 集中力を高める

効果を上げるおすすめの使い方

好きな色で塗って、自分だけの絵柄を完成させてください。やる気が出ないときに見ていると、自然と気持ちが変化するはず。

クスリ絵ポケットカードはP.139へ

対人

良好な人間関係の構築に

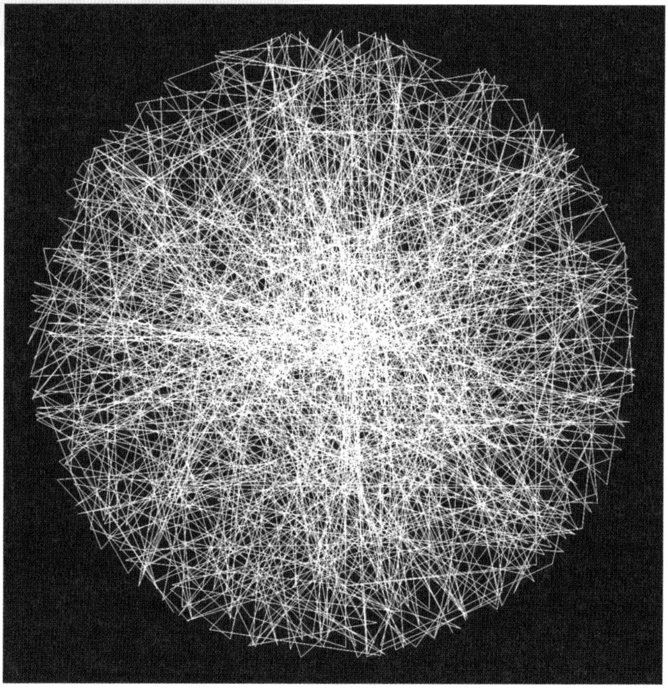

Kusurie 70 サイ

苦手な相手との関係を良好なものに

人間関係が面倒になったり、相手との関係がうまくいかずに悩むとき、その原因はあなたの心の内側にあります。

苦手な相手との不快な状況を思い出し、そのときに不安、焦燥、怒り、寂しさなどの感情が出てきたら一つずつこの絵柄に吐き出していきます。イヤな感情に対しては「現れてくれてありがとう」と感謝の気持ちを伝えましょう。

その他の効果・効能

- 対人の苦手意識をなくす
- コミュニケーションを円滑にする
- 仲間や友人が増える

効果を上げるおすすめの使い方

苦手な相手との状況を思い出し、そのときの不安や怒りなどの負の感情を吐き出してこの絵柄に投下していきましょう。

クスリ絵ポケットカードはP.139へ

ソウルメイトとの出会いに

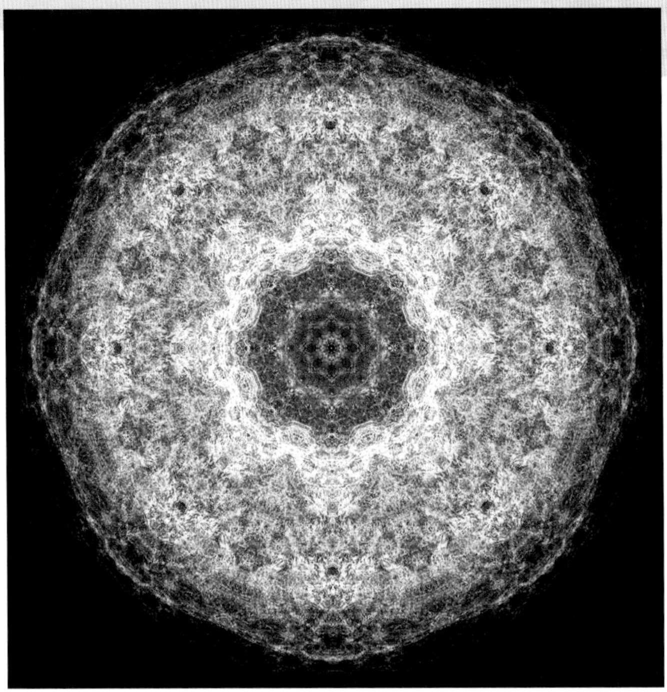

Kusurie 71 聖樹

聖なる樹が魂のつながりを知らせる

前世から深い関わりのある魂が共鳴し合う「ソウルメイト」や、魂の片割れである「ツインレイ」との出会いに導く聖なる大樹。

目には見えないながらも魂でつながる相手とは、あなたが最も自分らしく心地よく安らげる木陰のような場所。相手にとってもあなたの存在がかけがえのないオアシスに。そうした相手は必ず存在しています。

その他の効果・効能

- 自分の魂を癒やす
- 愛情が深くなる
- 心を成長させる

効果を上げるおすすめの使い方

この絵柄を毎日見ながら、２つの魂が近づくようなイメージをすることで、ソウルメイトとツインレイと出会いやすくなります。

クスリ絵ポケットカードはP.139へ

対人

コミュニケーション力を上げる

Kusurie 72　ロープ

相手の思いを聞き取る能力を高める

コミュニケーションの基本は、自分がいかに上手に自分の気持ちを伝えるかではありません。相手の目を見ながら相手の話を聞けるかが大事。

コミュニケーション力を上げるには、この絵柄をコミュニケーションの相手だと思って、絵柄が伝えたいことを真剣に聞くようにします。言葉で伝えてくれないかもしれませんが、波動で伝えてくれるので、逃さずキャッチして。

その他の効果・効能

- 相手の気持ちがわかる
- 上手に話ができるようになる
- 集団をまとめる力が上がる

効果を上げるおすすめの使い方

絵柄を目の前に置き、コミュニケーションの相手だと思って、相手の話に耳を傾けましょう。相手の望みを理解できるように。

クスリ絵ポケットカードはP.139へ

人の助けを得る

Kusurie 73　リンカーン

共助、互助で助け合える関係づくり

仏具であるおリンを鳴らせば、即座にカーンと響くように、物事が進むことを「リンカーン」は意味しています。

あなたが誰かに助けてもらいたいと望むのであれば、まずは自分が人を助ける、人の役に立つという気持ちがなければうまくいきません。世界は陰陽のバランスで成立っているので、「あなたは私、私はあなた」だからなのです。

その他の効果・効能

- お互いに助け合える関係づくりに
- 困っていることに気づいてもらえる
- エネルギーを受け取りやすくなる

効果を上げるおすすめの使い方

絵柄に人からの助けを請い願うだけでなく、あなたが他の人のためになることを積極的に行っていくことが大切です。

クスリ絵ポケットカードは P.141 へ

労ってあげたい人へ

Kusurie 74 64の母

大事な家族や人に元気パワーを

64は中国に伝わる易である八卦《はっけ》を表す数字であり、DNAのコドン（塩基配列である遺伝暗号の単位）の数です。母とはあわゆるものが創造されるときの母胎を意味します。

この絵柄に向かって「父を労《いたわ》って」「母を労って」「祖父や祖母を労って」と言うと、その相手に高次元からのエネルギーが放たれ、彼らはそのエネルギーで元気になります。

その他の効果・効能

- 家族愛が深まる
- 相手の病気除けに
- 気持ちが伝わる

効果を上げるおすすめの使い方

絵を見ながら、実際に手で触れて「〇〇さん（相手の名前）、ありがとう」と言ってください。遠方でもエネルギーが届きます。

クスリ絵ポケットカードはP.141へ

嫌いな人を遠ざける

Kusurie 75 サテライト

苦手な相手のよい面に気づける

波長が合わないどうしても苦手な人を遠ざけてしまいますが、この絵柄によって相手を遠ざけようとする自分の心を照らすことによって、好きな人、嫌いな人をジャッジする気持ちそのものが薄れていきます。

この絵柄を見ながらその相手のことを考えるうちに、その人のイヤな部分ではなく、輝く部分に目がいくようになっているかもしれません。

その他の効果・効能

- 好き、嫌いをジャッジしなくなる
- 相手のよい部分に気づける
- 自分に気づきを向ける

効果を上げるおすすめの使い方

この絵柄と苦手な相手を重ねるように見てください。相手の光り輝く、よい部分が照らし出されるでしょう。

クスリ絵ポケットカードはP.141へ

安定

心を安定させる

Kusurie 76 ハートバランス

揺れ動く心にブレない軸を

心が不安でいっぱいになったり、不安定なときに活用してほしい絵柄です。この形と色が心のバランスを保ってくれます。心にブレない軸が生まれ、不安や恐怖で心をかき乱されることがなくなっていきます。

ハートがある胸の部分に、絵柄が外側を向くようにあてると心に柔らかな明かりが灯り、温かくなるように感じるかもしれません。

その他の効果・効能

- 不安や恐怖に強くなれる
- 不整脈、動悸の改善に
- 心を温かくする

効果を上げるおすすめの使い方

胸の中央部分に絵柄が外側を向くように当てた状態で、この絵柄が胸の中に入っていくようにイメージすると効果がアップ。

クスリ絵ポケットカードはP.141へ

Kusurie 77 ネンド

どっしりとした粘土層に身を委ねて

土の中の粘土層を彷彿とさせる絵柄です。粘性の高い土が堆積した地盤はどっしりと安定していて、そうした自然界からのエネルギーを受け取ることができます。同時に自然とともに生きる喜びや深い感謝の念が湧き上がってくるかもしれません。

こうした自然エネルギーに身を委ねると、安心感、安らぎを感じることができます。

その他の効果・効能

- 不安な気持ちに惑わない
- 自然に感謝できる
- 底力が出る

効果を上げるおすすめの使い方

おへその位置や下腹部に貼ると安らげます。当てた部分からはほのかな温かみを感じ、リラックスしやすくなります。

クスリ絵ポケットカードはP.141へ

モヤモヤが消える

Kusurie 78 ミナミンナ♡♡

不安やモヤモヤがスッキリ消えていく

誰でも未知のものに対しては漠然とした不安を抱えたり、心がモヤモヤしたりするものです。そんな皆さんの不安やモヤモヤをスッキリ消し去るパワーを持つ絵柄です。モヤモヤを消すだけでなく、代わりに愛と安心感で満たします。

ウイルスに罹ったときの恐れや、罹ったかなぁと焦る気持ちも消すことができるので、今の時代にうってつけの絵柄でしょう。

その他の効果・効能

- 恐れや焦りから解放される
- 心を安定させる
- ネガティブエネルギーからの防御

効果を上げるおすすめの使い方

この絵柄を下着の上からでよいので、胸と背中に貼ると、心の不安やモヤモヤが減ったり、スッキリなくなっていきます。

クスリ絵ポケットカードはP.141、143へ

※丸山先生が特におすすめするカードなので、2枚付録。

思いを現実化させる

Kusurie 79　ヘキサゴン

六角形パワーで思いを現実化する

ヘキサゴンとは六角形のことで、この絵柄には思いを現実化する力があります。

実現させたい思いを明確に思い描きながら、赤、黄、オレンジ、緑、青、藍の６色で塗りましょう。無色のところに色を塗り進めることで願望がより具体的になっていくとともに、塗る喜びで心が満たされます。この作業を通じて集中力と思いの力を高め、現実化に近づけます。

その他の効果・効能

- 集中力を高める
- 喜びで心を満たす
- よい夢を現実にする

効果を上げるおすすめの使い方

この絵柄を赤、黄、オレンジ、緑、青、藍の６色を使って、直感のままに１マスずつ丁寧に塗り分けていきましょう。

クスリ絵ポケットカードは P.141 へ

喜ばしいことが次々に起こる

Kusurie 80 希望

希望と喜びに溢れる毎日が訪れる

希望と名づけられたこの絵柄には、心を落ち着かせる、しっかりと地に足をつけた行動ができる、人間関係のバランスをとれるというパワーが秘められています。

こうした作用がうまく絡み合うことで喜びのエネルギーとして放射され、あなたの日々に喜ばしいことが次々と起こりやすくなります。いつでも身に着けておくとよいでしょう。

その他の効果・効能

- 心に平穏がもたらされる
- 地に足をつけた行動ができる
- バランスのよい人間関係を築く

効果を上げるおすすめの使い方

持ち歩くバッグに入れておくとよいでしょう。出かけるときも身に着けることで、ハッピーな出来事が起こりやすくなります。

クスリ絵ポケットカードはP.141へ

ピンチから脱出する

Kusurie 81 ニコット

ピンチを脱し、チャンスを引き寄せる

うまくいかないことが続いたり、四面楚歌の状況に立たされたりしたときに、ピンチから救い出し、さらにチャンスへと変換してくれます。

ピンチのときにはこの絵柄の前で両手の人差し指を立てて目を閉じ、人差し指の先端に意識を向けながら「ピンチから脱出した」と何度か唱えます（膜空間療法〈P.20〉）。心が落ち着いてきて、ピンチを脱出する智恵が浮かぶはずです。

その他の効果・効能

- ピンチを切り抜ける智恵に恵まれる
- 悪い状況がチャンスに変わる
- ニコッとすることが起きる

効果を上げるおすすめの使い方

絵柄の前で両手の人差し指を立て、目を閉じます。ゆっくり呼吸をしながら「ピンチから脱出した」と過去形で唱えてください。

クスリ絵ポケットカードは P.141 へ

結界を張る

Kusurie 82 光輪

厄や災いの侵入を妨げる

まばゆいばかりに放たれる炎のようなオレンジは、太陽のエレメントである火と光のエネルギーです。魔や厄をはじき、ネガティブな存在やエネルギーの侵入を強力に防いでくれます。

絵柄をコピー(P.121)して部屋の四隅や壁の四面に貼ると、結界を張ることができ、負のエネルギーを遠ざけます。普段、身に着けておいても邪気を跳ね除け、災いを寄せつけません。

その他の効果・効能

- 災いを跳ね除ける
- ネガティブな気持ちがなくなる
- 家庭内の不和が解消する

効果を上げるおすすめの使い方

部屋の四隅に貼ることで結界を張ることができます。壁に貼るときに「我が光の精と一緒にしたまえ」と唱えるとよいでしょう。

クスリ絵ポケットカードはP.143へ

イヤな出来事を消し去る

Kusurie 83 ファイアット

イヤな出来事とスッキリ決別できる

燃えたぎる火山を表現したこの絵柄には、起きてしまったイヤな出来事を消し去る働きがあります。イヤな出来事によってつらく、閉ざされた心を元気に回復する効果も期待できます。PTSD※の症状緩和にも有効です。

イヤな出来事をこの絵柄の赤い部分に書き入れ、火事にならないよう注意しながら燃やします。苛まれた心が解放されていくことでしょう。

※心的外傷後ストレス障害

その他の効果・効能

- イヤな記憶による心の不調を緩和
- PTSDの症状緩和
- 潜在意識を喜ばす

効果を上げるおすすめの使い方

燃やすときには、イヤな出来事にも「起こってくれてありがとう」と伝え、笑顔でお別れするとよいでしょう。

クスリ絵ポケットカードはP.143へ

イヤなことを断ち切る

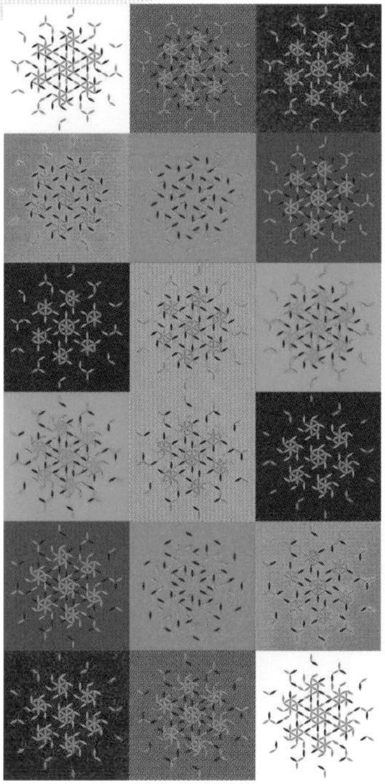

Kusurie 84 不純物の完全封印

負の連鎖を断ち切り、調和をもたらす

負のスパイラルの渦中にいる人に活用してほしいクスリ絵です。神聖幾何学からつくられたこの絵柄には、イヤなことを断ち切り、調和をもたらす力があります。

この絵柄に向かって「不純物の完全封印」と唱えましょう。不純物とは、あなたをネガティブな方向に導くエネルギーのこと。負のエネルギーとのつながりを断ち切ることができます。

その他の効果・効能

- 負の連鎖を断ち切る
- 調和がもたらされる
- 悪意から自分を守る

効果を上げるおすすめの使い方

絵柄をじっと見つめて「不純物の完全封印」と唱えてください。このとき水晶や黒水晶を持つと効果が上がります。

クスリ絵ポケットカードはP.143へ

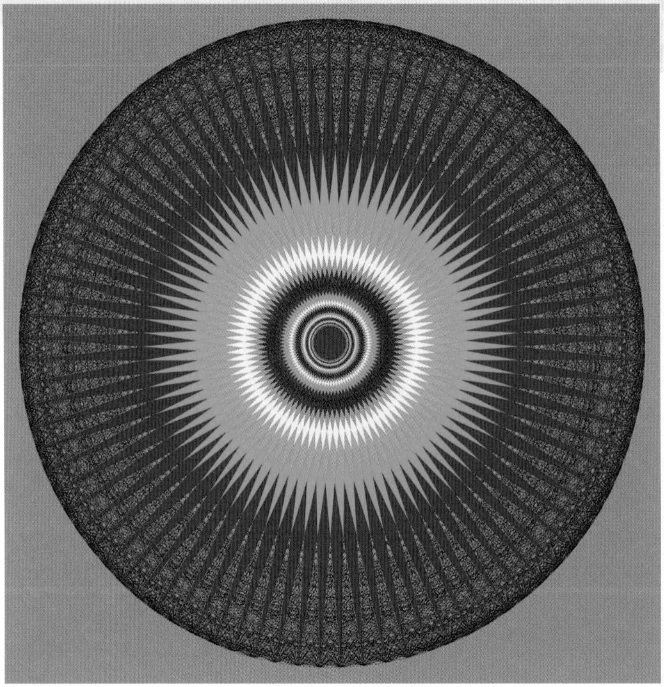

Kusurie 85 ゴールデンマンダラ89

素数のパワーでくじ運を引き寄せる

1とそれ自身の数しか約数を持たない数が素数ですが(P.24)、89も素数。素数はプライムナンバーといって、数の母胎(マトリックス)です。くじも数によって決まるため、この絵柄の力でくじが当たる確率が上がるのは当然のこと。

また、ゴールドは生命エネルギーを高めるパワーを持つ色で、マンダラ(P.11)の背景はゴールドに。くじ運が上がる最強の絵柄です。

その他の効果・効能

- 金運が上がる
- 潜在意識を癒やす
- 筋肉痛を緩和する

効果を上げるおすすめの使い方

宝くじやロト、馬券など、購入したくじの上にこの絵柄をのせましょう。また、くじの番号をくり返し強くイメージしましょう。

クスリ絵ポケットカードはP.143へ

勝負で勝利に導く

Kusurie 86 ゲイン

運気を上げて勝利を勝ち取る

稼ぐ、得る以外に、勝ち取るという意味を持つゲイン。ここぞという勝負に勝てるようにパワーを貸してくれます。運も味方にして、勝利を勝ち取る道すじが開けるでしょう。

この絵柄に左手を置き、勝利したいこと、勝ちたい相手に自分が勝つ姿をできるだけありありと思い浮かべます。その後、両手は心臓の鼓動を感じるところに当てます。

その他の効果・効能

- 勝負運を味方にできる
- 勝負による稼ぎが増える
- 勝負で負けなくなる

効果を上げるおすすめの使い方

勝利が確定したら、この絵柄に感謝するとともに、ともに戦ってくれた相手にも最大限のリスペクトを持って称えましょう。

クスリ絵ポケットカードは P.143 へ

空間を浄化する

Kusurie 87 フィルター

息苦しい空間を浄化して生きやすく

空気清浄機のフィルターのように、汚れた空気を浄化する作用を持つ絵柄です。不快さや息苦しさを感じる部屋の天井、壁、床に貼っておくと、その場の空間が浄化され、呼吸をするのがラクになります。

また、ネガティブなエネルギーや、人に害を与える存在であるネガティブエンティティが家の中に入ってきにくくなります。

その他の効果・効能

- ネガティブエネルギーに対抗する
- 呼吸器疾患の緩和
- パニック発作の症状を緩和

効果を上げるおすすめの使い方

不快な感じを受ける部屋に貼ると、その空間が浄化されます。胸に当てれば肺の機能がよくなって、呼吸がラクになることも。

クスリ絵ポケットカードはP.143へ

潜在意識にアクセスする

Kusurie 88 潜在意識の調和

潜在意識を活用し望む人生を歩む

願望実現、目標達成、問題解決、真の自分として生きるには、潜在意識とつながることが重要です。心は光であり、潜在意識は心です。つまり潜在意識は光ということになります。

そこで「FOL（P.9）」に潜在意識の光の色である9色を彩色したこの絵柄には、潜在意識の光の扉を開きやすくするパワーが秘められています。

その他の効果・効能

- 願いを叶える
- 問題を解決する
- 自分の使命を果たして生きる

効果を上げるおすすめの使い方

背中の上部に絵柄を外側にして当てることで、潜在意識の扉が開き、真のあなたの力が発揮されるようになります。

クスリ絵ポケットカードはP.143へ

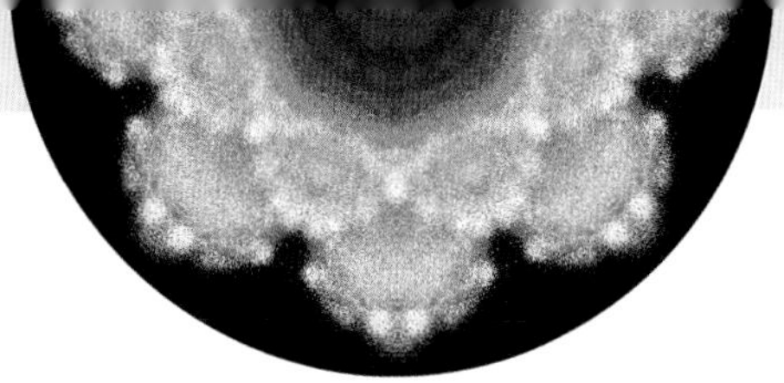

Epilogue

あなたの今と未来に寄り添える「クスリ」になることを…

2023年5月、日本では三年もの間、私たちの生活環境を一変させてた新型コロナウイルス感染症の位置づけが5類感染症となり、区切りを迎えました。

コロナ前の状況に戻ったと言っても、病気や感染症との戦いがこれで終わるわけではありませんし、数年に及んだ閉塞的な生活環境で不安やストレスにさらされ、心を健康に保つことの大切さに改めて気づいた人も多いでしょう。

また、生活の中に今までよりもデジタル機器が増え、電磁波にさらされる機会もいっそう増しています。

私は医師ですから、病気に悩む人を救いたい、元気にしてあげたいという強い思いがあります。

一方で、治療に関わっていると心と体の結びつきがいかに強く、人が病気になる原因に、いかに潜在意識が影響を及ぼしているかということを思い知りました。

そこで気づいたのは、「健康の自給自足」という考えです。

医師が患者の病気を治すだけではなく、患者さん本人が自分で自分を治し、健康な体を守ることができるということです。

まずは病気の原因をつくり出すような生活習慣や考え方がなかったかを振り返ること。他者を恨んだり、自己否定をするようなネガティブな思いは自分で自分を苛《さいな》むものになるからです。

そしてもう一つは、自分の体は自分で治すのだという意識を持ち、それが可能だと信じることです。

たとえ医療機関にかかるとしても、どんな治療を受けるのかを自分で選ぶことはポジティブな自分の選択ですし、直感やひらめきを大切にして古い常識に囚われないことです。

前向きな意識を持てる人は、不調やトラブルが起こったとしても、それが気づきをもたらすきっかけになると考えることができます。そんな人には、クスリ絵は思っている以上の幸せを呼び込み、きっと手放せないものになるでしょう。

本書によって出合う一枚のクスリ絵が、将来にわたってあなたのお守りとなり、人生に寄り添う存在であり続けることを願ってやみません。

２０２３年６月

丸山修寛

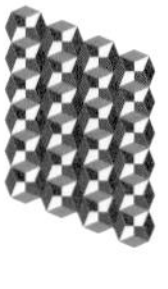
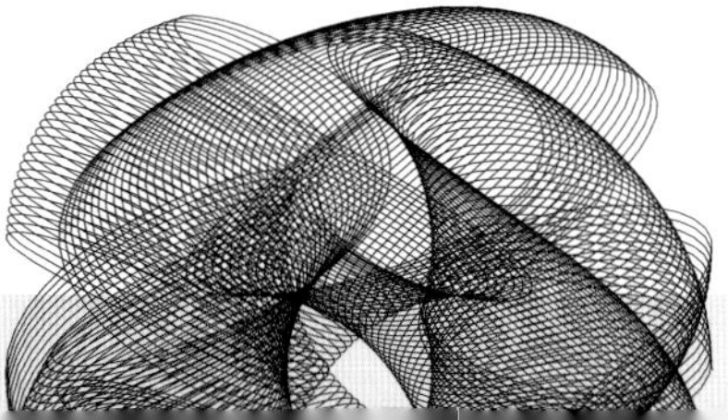

クスリ絵の作用・索引

押さえておきたい クスリ絵のあれこれQ&A

クスリ絵を使うにあたって、気になる疑問に答えます。参考にして、〝クスリ絵活用ライフ〟を楽しみましょう。

Q クスリ絵の効果を実感することができないのですが……。

A クスリ絵に触れたり、クスリ絵を貼ったりしてみても「あまり効果を感じません」という人がたびたびいます。それは、感じないだけで、クスリ絵は知らないところで、色々なよい作用をしているようです。クスリ絵の効果を得るためには、潜在意識の助けを得ることが必要不可欠です。「潜在意識さん、ありがとう。君にこのクスリ絵を見せたかったよ。喜んでもらえるといいな」と心の中で唱えてみましょう。それでもクスリ絵の効果を実感できないのであれば、お腹に絵柄を外向きにして、クスリ絵を5〜10分ほど当ててみましょう。

Q クスリ絵を一度に何枚も持ち歩いてもよいですか？

A 一度に多種類のクスリ絵を使っても問題ありません。ただし、同じ場所に貼ったり、同じところに入れて持ち歩く際は、必ずクスリ絵の絵柄を同じ方向に向けて重ねます。絵柄が反対方向に向いていると、効力同士が邪魔し合って、本来の効果を発揮できなくなるからです。数が多くなる場合は、選抜しても。

Q クスリ絵は折り曲げて持ち歩いてもよいですか？

A クスリ絵の絵柄を折り曲げてしまうと、絵柄にゆがみが生じてしまうことがあります。よってできるだけ折り曲げずに持ち歩くとよいでしょう。本書の付録である「クスリ絵ポケットカード」は、財布や手帳などに入れやすい小さめなサイズにしてあります。

Q クスリ絵をアイコンや壁紙にしてもよいですか？

A カメラ機能を使ってクスリ絵を撮影し、SNSのアイコンや壁紙にしてもよいでしょう。その際、クスリ絵の効果を十分に得るためには、ゆがみが出ないように真上や真正面から撮影します。また、天井に照明があると、手や顔の影が入ってしまうので、頭上の照明を消し、自然光で撮影しましょう。

Q クスリ絵をコピーやラミネートしてもよいですか？

A 基本的にクスリ絵のコピーは不可です。コピーをするとコピー機に溜まったマイナスエネルギーが転写されてしまうため。しかし、個人の責任においてコピーをしてもかまいません。ただし、コピーしたものに違和感を覚えたら、使うのをやめましょう。さらに、コピーしたものはオリジナルよりも効力が劣ることがあります。また、クスリ絵が汚れたり、破れたりしないようにラミネートをしたくなりますが、クスリ絵の表裏を封じてしまうラミネートは、クスリ絵の呼吸を遮り、本来の効果を発揮しにくくなります。薄いビニールやクリアファイルに入れて汚れなどを防ぎましょう。

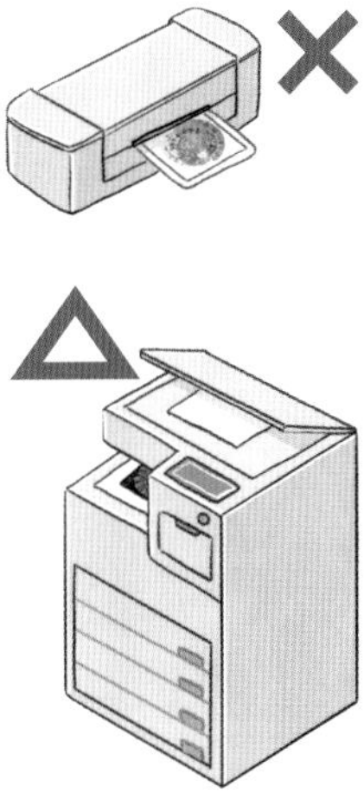

※クスリ絵の絵柄の解説に「コピー可能」とあるものはコピーしても問題ありません。

Q クスリ絵の効果を感じたら、薬の服用をやめてもよいですか？

A クスリ絵は「クスリ」とついていますが、薬とは作用が異なります。クスリ絵は気の流れをよくしますが、直接的に体を治す効果があるわけではありません。そのため、薬の服用を自己判断でやめることはせず、必ず主治医に相談を。薬とクスリ絵の併用はＯＫです。

Q 運気を上げるためにはどこに置くのがよいですか？

A 運気向上のためにクスリ絵を活用するのであれば、ぜひ睡眠中が効果的です。寝ている間は、高次元空間に意識が向いているので、枕元や枕の下、布団の下などに置いて眠るとよいでしょう。なお、クスリ絵は、お札やお守りではないので、神棚や仏壇にお供えするのは控えてください。

Q 願いが叶ったクスリ絵はどのようにすればよいですか？

A クスリ絵の効果を実感したあと、そのクスリ絵をどうすればよいか、よく聞かれます。それは「お礼参り」という風習があるからでしょう。願いが叶ったクスリ絵を持ち続けていても問題ありませんが、「ありがとうございました」という気持ちを込めて、半紙に包み、お焚き上げをしてもよいでしょう。

Q クスリ絵を捨てるときはどのようにすればよいですか？

A クスリ絵は、お札やお守りではないので、紙ゴミとしてお住まいの地域の分別方法に従って捨てます。その際は、「ありがとうございました」と感謝の気持ちを込めて。捨てるのを躊躇する人は、お焚き上げなどの際に手放してもよいでしょう。

パワーアートを見《み》るだけで
心《こころ》・体《からだ》の不調《ふちょう》が整《ととの》い、運気《うんき》が上《あ》がる！

奇跡《きせき》のクスリ絵《え》BOOK《ブック》

2023年8月10日　第１刷発行

著　者　丸山修寛《まるやまのぶひろ》
発行者　吉田芳史
印刷所　図書印刷株式会社
製本所　図書印刷株式会社
発行所　株式会社日本文芸社
〒100-0003 東京都千代田区一ツ橋1-1-1
パレスサイドビル8F
TEL.03-5224-6460（代表）

Printed in Japan
112230725-112230725 Ⓝ01（310094）
ISBN978-4-537-22126-8

内容に関するお問い合わせは、
小社ウェブサイトお問い合わせフォームまでお願いいたします。
ウェブサイト　https://www.nihonbungeisha.co.jp/

（編集担当：坂）

丸山修寛（まるやま・のぶひろ）

医学博士、丸山アレルギークリニック院長

山形大学医学部卒業。東北大学病院第一内科で博士号を取得。東洋医学と西洋医学に加え電磁波除去療法、波動や高次元医療、色や形の持つ力を研究し、見る・触れるだけで不調をケアできる“クスリ絵”を開発。これらの独特の治療法は多くのメディアで取り上げられている。著書・監修書は多数。

公式ホームページ
http://maruyamanobuhiro.com

Staff

編集・制作／株式会社レクスプレス
執筆協力／杉浦美紗緒、江山 彩
ブックデザイン／山野辺有可
イラスト／寺井さおり
協力／田岡祐子（株式会社ユニカ）

特別付録

切り離して使える！クスリ絵ポケットカード

お好みの絵柄を切り離して使える「クスリ絵ポケットカード」を付録します。ステップに添って使うと、その効果はさらに高まります。

Step 1 キリトリ線で切り離す

P.125〜P.143に入ったキリトリ線を、ハサミやカッターナイフを使って切り離します。

Step 2 願いごとを書いてもOK

クスリ絵は願いごとを直接書くことで、効果が高まります。カードの裏面（表面でも可）の絵柄の上に、「願いごとを書くときの注意」を守って、直接記入しましょう。

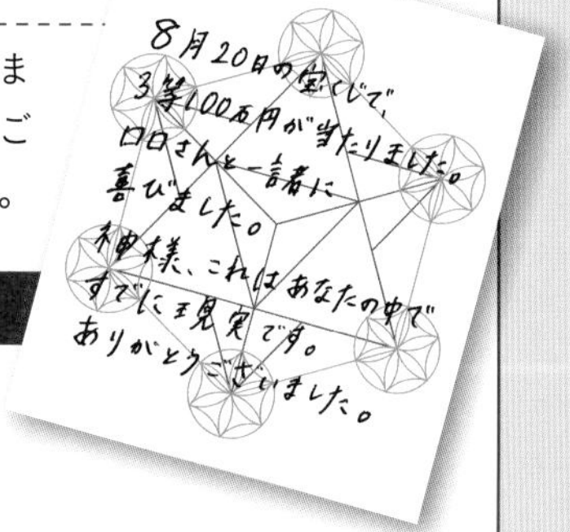
8月20日の宝くじで、
3等100万円が当たりました。
□□さんと一緒に
喜びました。
神様、これはあなたの中で
すでに現実です。
ありがとうございました。

願いごとを書くときの注意

❶ 具体的な文章で書く
漠然とした願いではなく、数値や日付も入れて具体的に書きます。否定形の言葉は避けましょう。

❷ 過去形で書く
すでに叶ったことを前提として、「〜しました」と過去形で書きます。より実現しやすくなります。

❸ 名前には敬称をつける
人の名前（自分や家族も）には「さん」をつけます。体の部位であっても「さん」をつけましょう。

❹ 気持ちや感想を書く
願いが叶ったときの感情や、感謝の言葉も一緒に書きます。

❺ 締めの言葉を添える
「神様、これはあなたの中ですでに現実です。ありがとうございました」と書き添えます。心の中で唱えてもよいでしょう。

Step 3 お好みの使い方をする

P.18〜19を参考に、お好みの使い方でクスリ絵を活用しましょう。使用の際の注意事項は、P.120からの「クスリ絵のあれこれQ&A」も確認してください。

※クスリ絵の絵柄の大小によって、効果・効力に違いはありません。

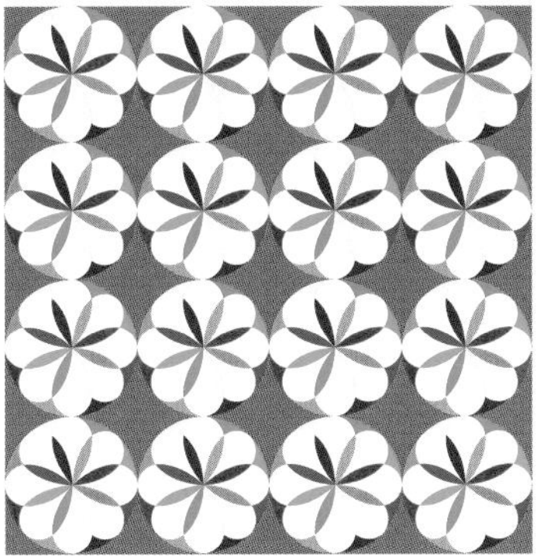

Kusurie 01 菊紋

Kusurie 02 病気を消去する膜

Kusurie 03 ケンコー

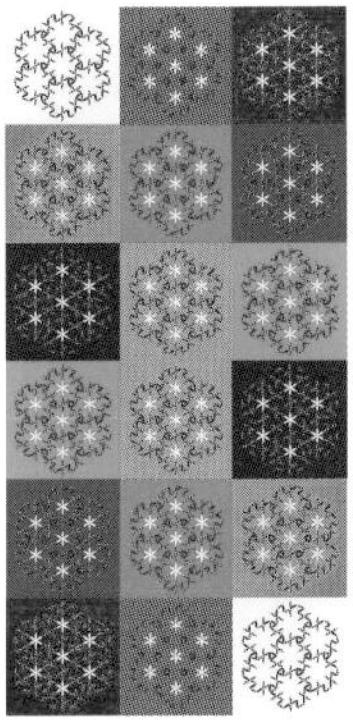

Kusurie 04 コロナ

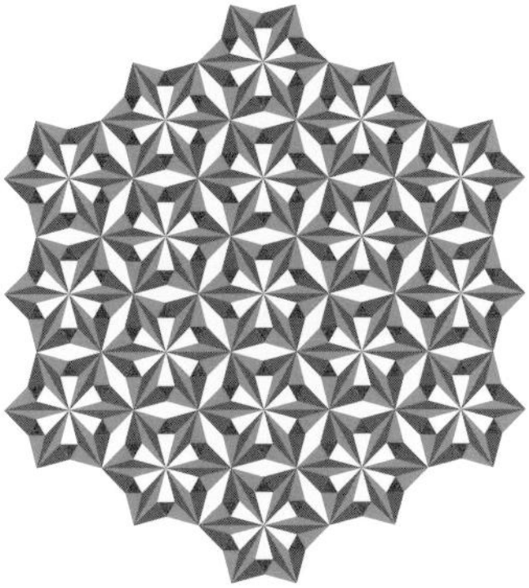

Kusurie 05 ルーレット

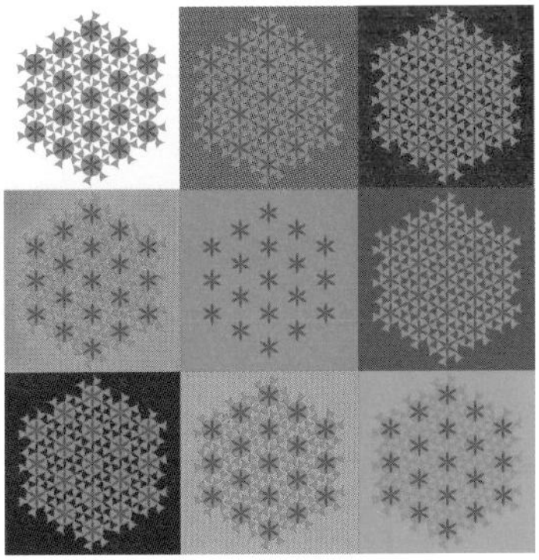

Kusurie 06 遺伝子の開花

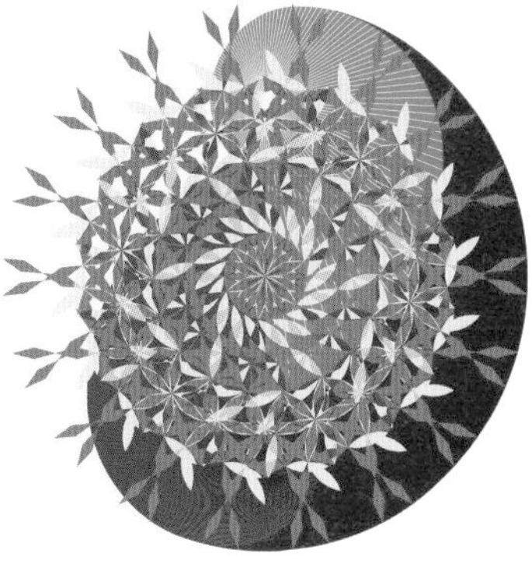

Kusurie 07 ライフ

Kusurie 08 頭痛方

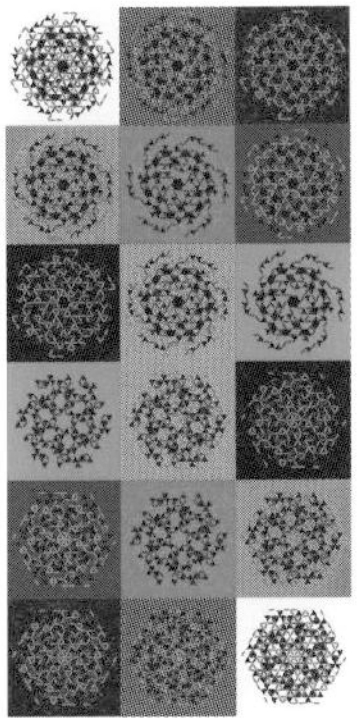

Kusurie 09 記憶力

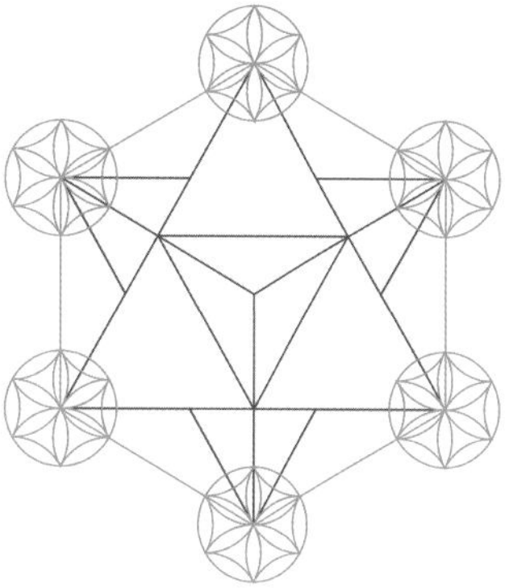
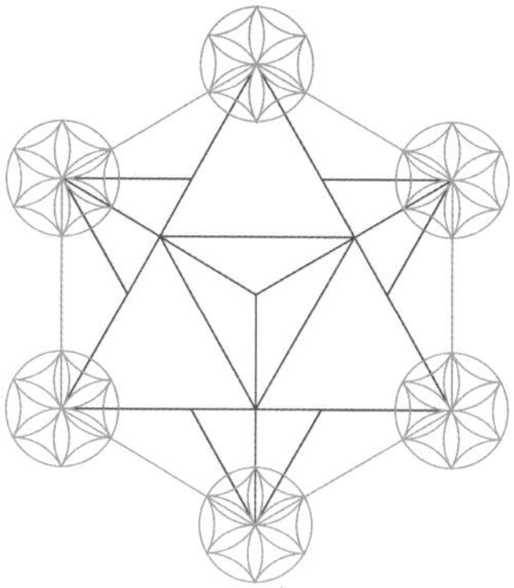
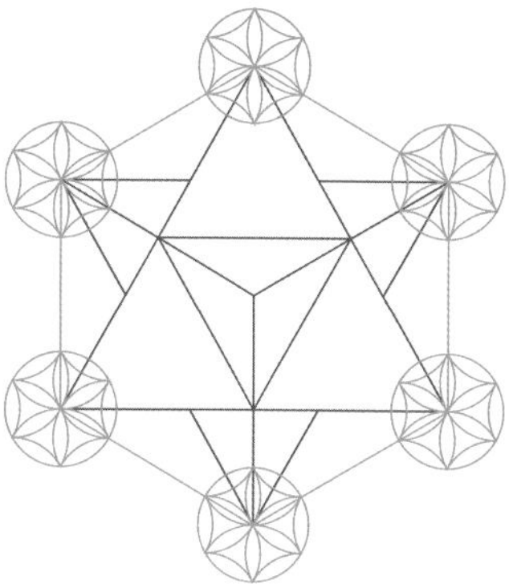
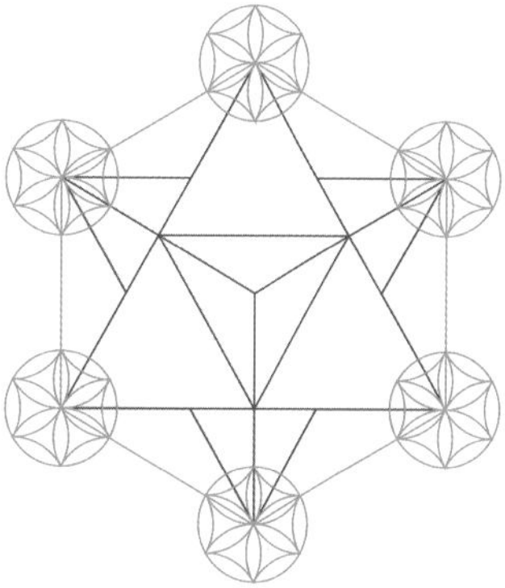
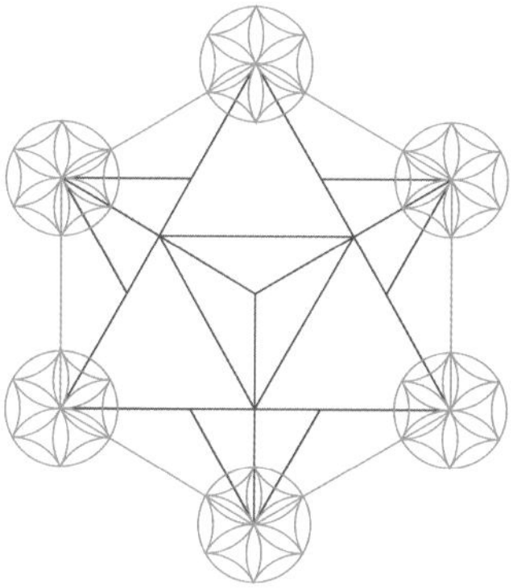
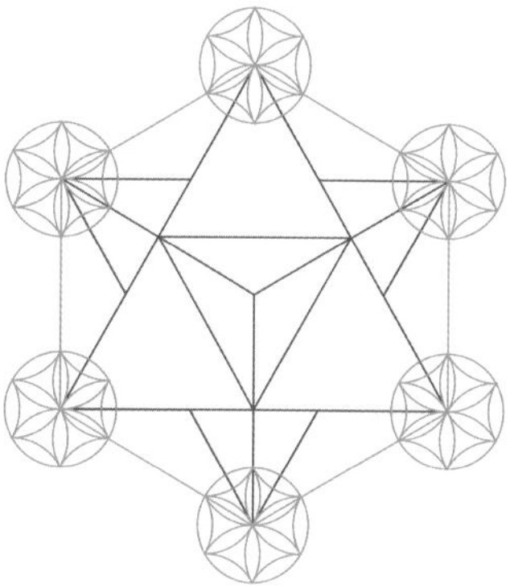
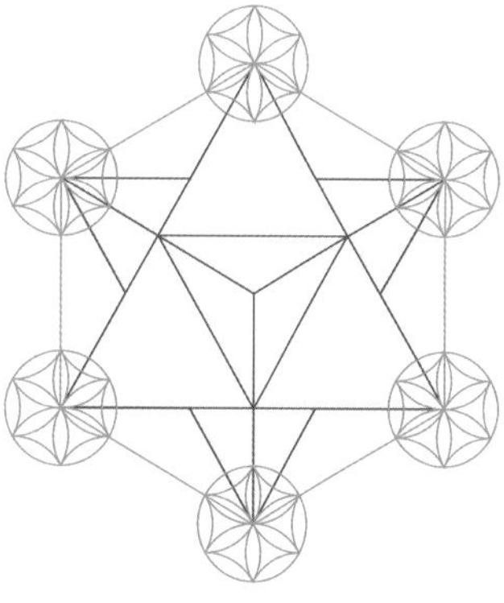
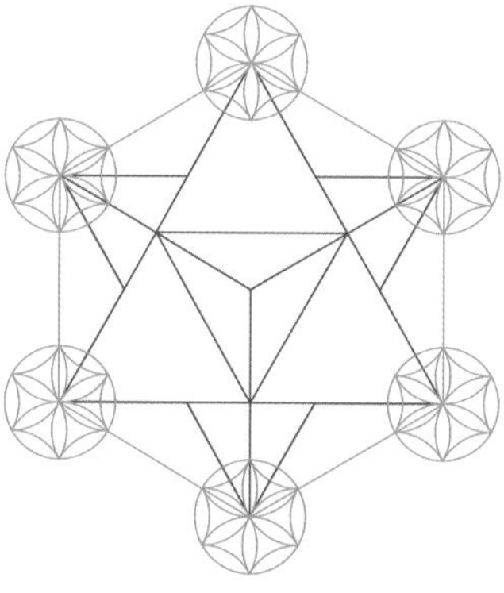
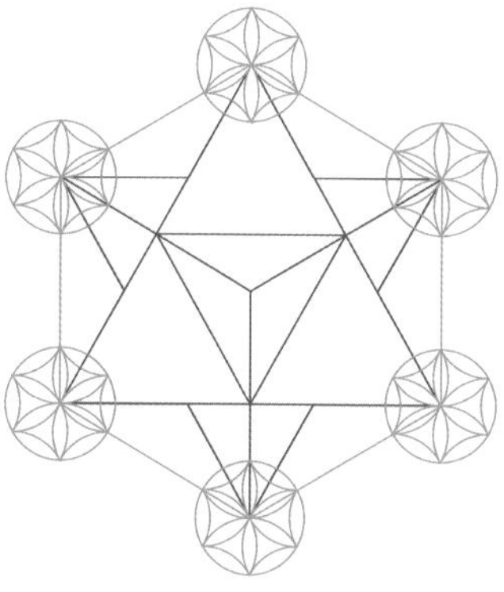

※「クスリ絵ポケットカード」の裏面に入っている絵柄は、クスリ絵のパワーを最大限に増強させます。

Kusarie 12 ヨーク

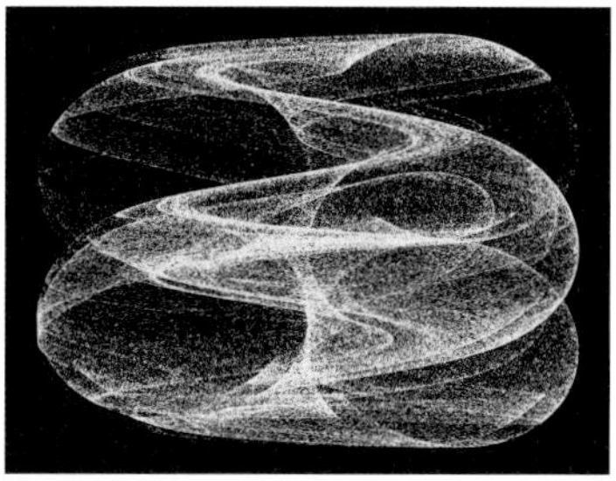

Kusarie 11 アイリー

Kusarie 10 キラキラ星

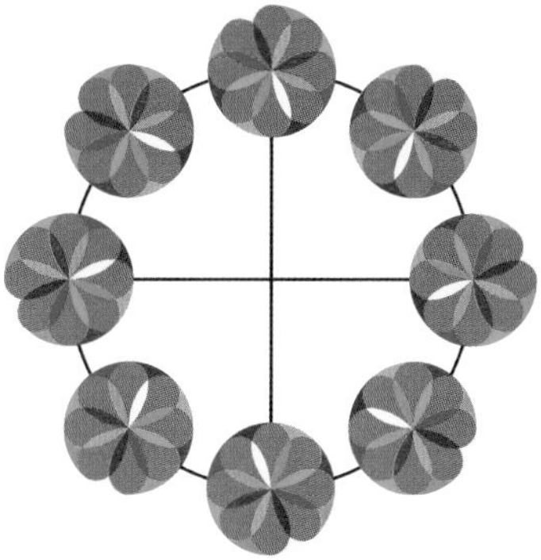

Kusarie 15 ハート8

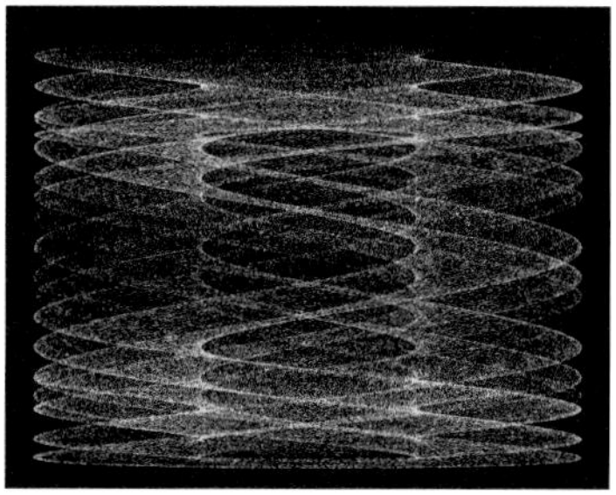

Kusarie 14 胃気

Kusarie 13 テオラ

Kusarie 18 トランスフォーム

Kusarie 17 るりこう

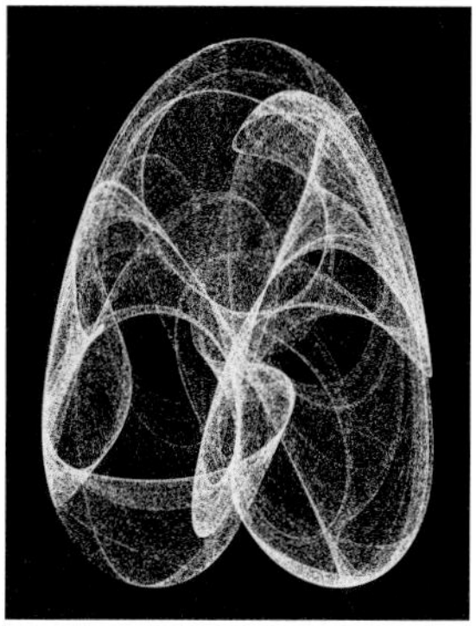

Kusarie 16 ラング

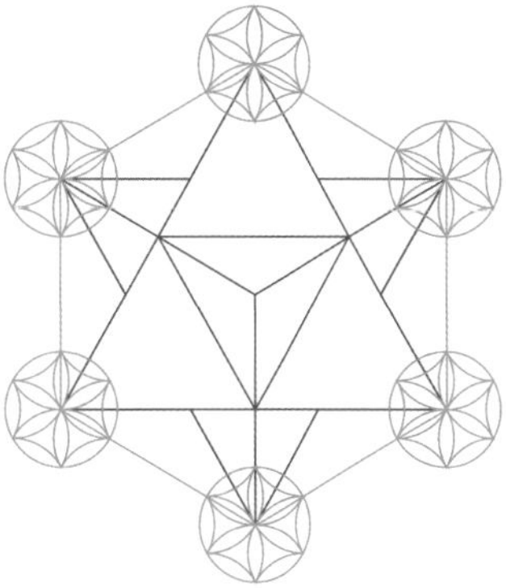
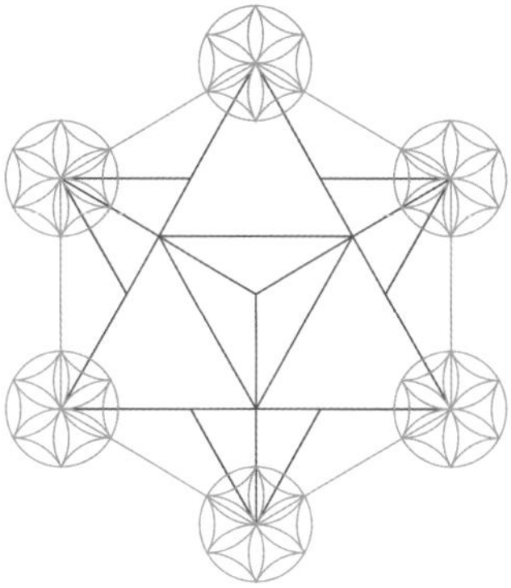
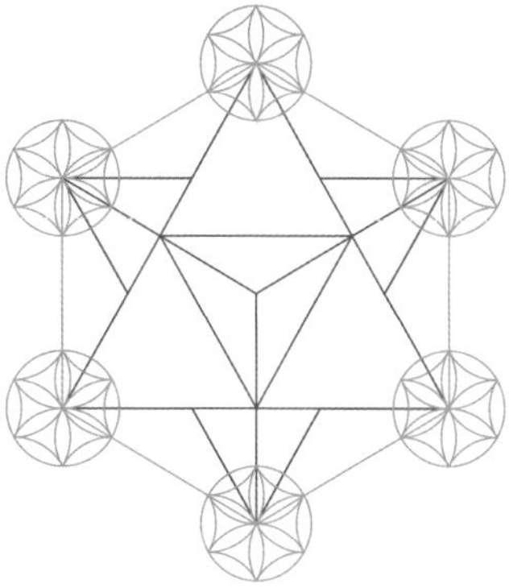
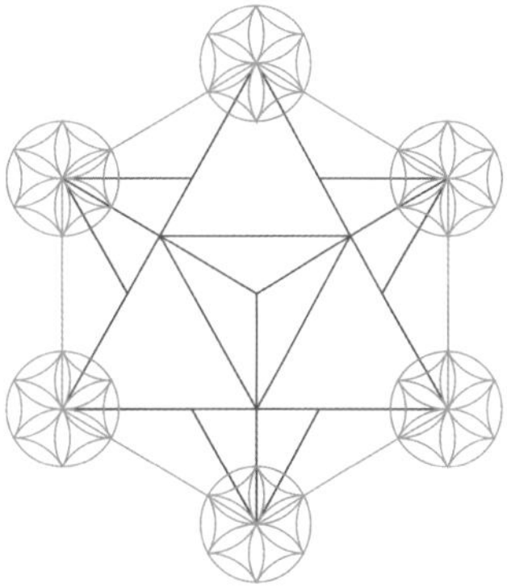
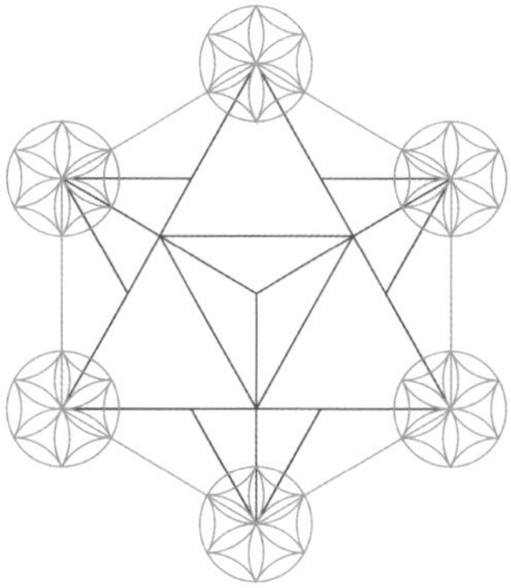
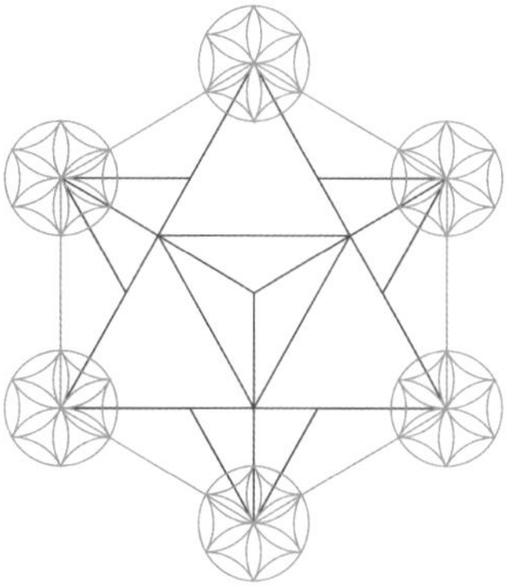
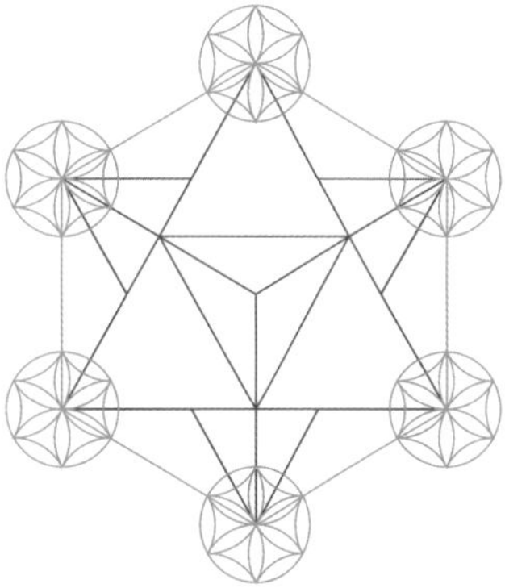
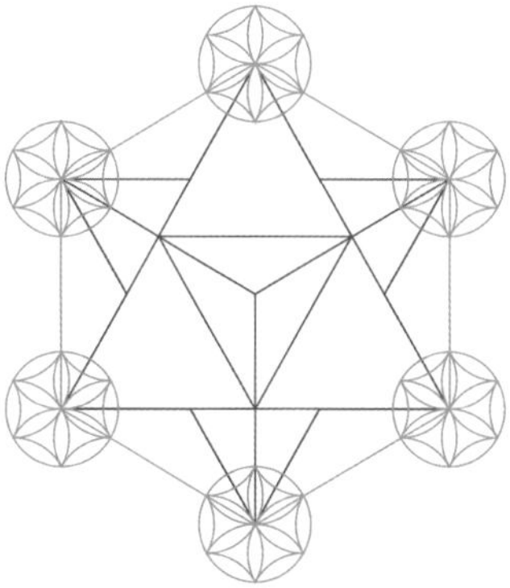
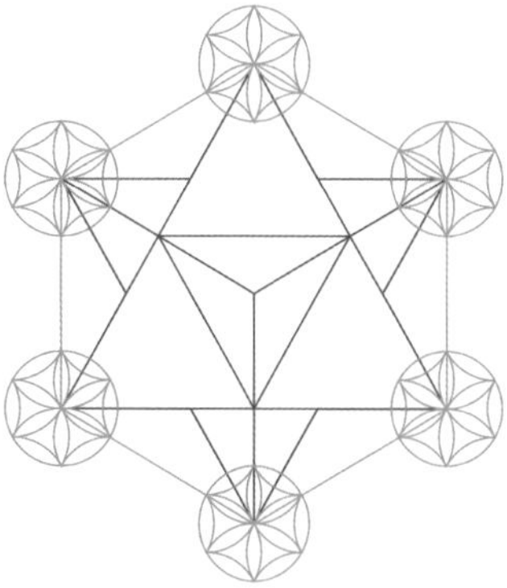

※「クスリ絵ポケットカード」の裏面に入っている絵柄は、クスリ絵のパワーを最大限に増強させます。

Kusarie 21 白馬

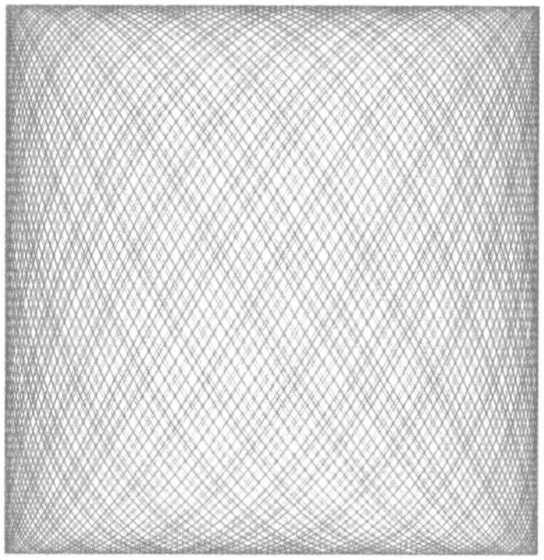

Kusarie 20 さざなみ

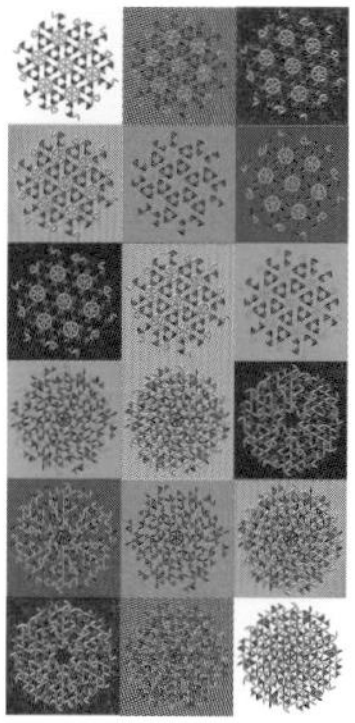

Kusarie 19 秘

Kusarie 24 ペルビス

Kusarie 23 インクリース

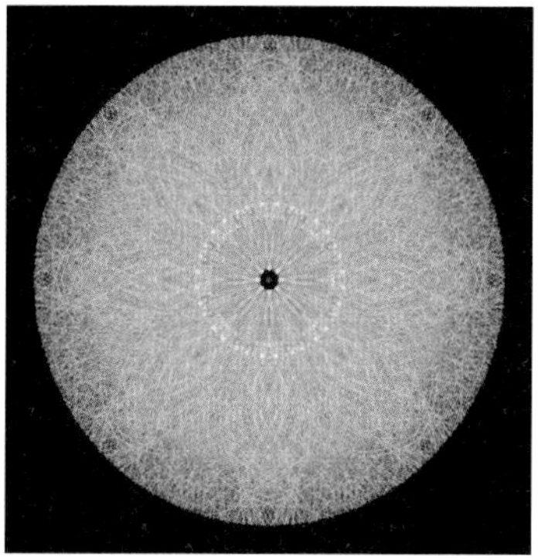

Kusarie 22 ローズスクリップ

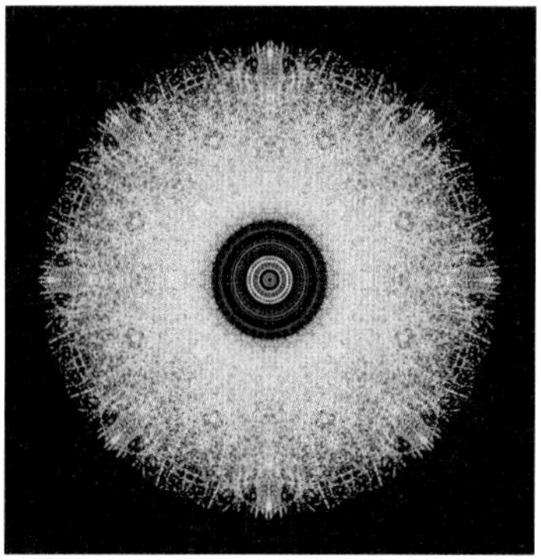

Kusarie 27 グール

Kusarie 26 アルス

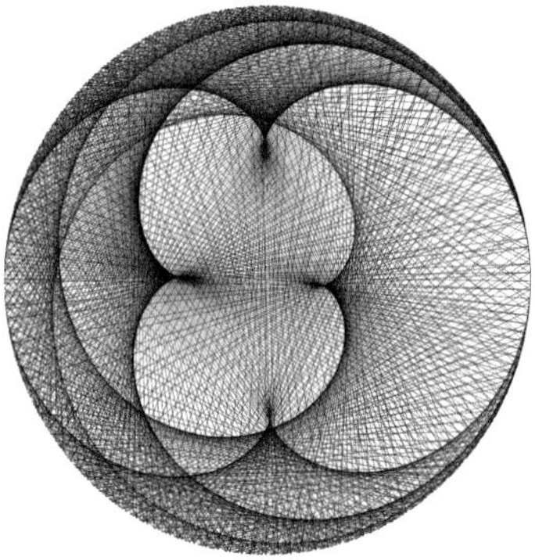

Kusarie 25 ホップ

※「クスリ絵ポケットカード」の裏面に入っている絵柄は、クスリ絵のパワーを最大限に増強させます。

Kusarie 30 ディフェンス88

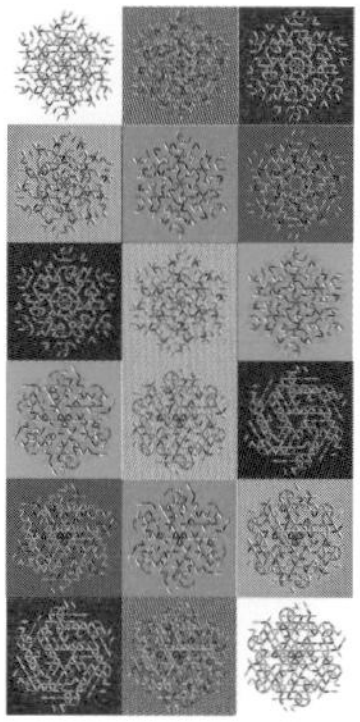

Kusarie 29 心筋魔方陣

Kusarie 28 腸

Kusarie 33 ラドン

Kusarie 32 モブ

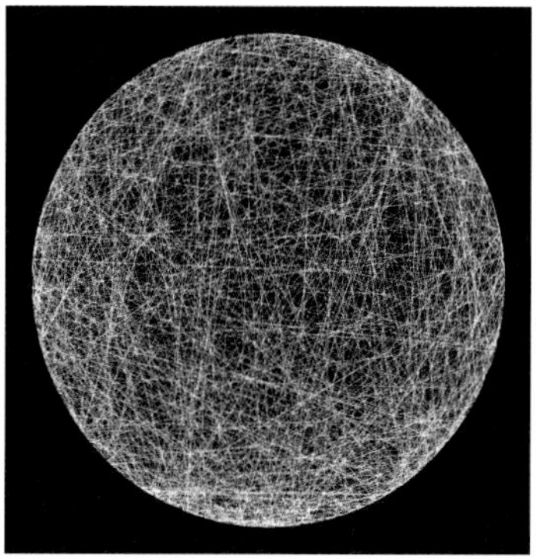

Kusarie 31 ランダムーン

Kusarie 36 ソイル

Kusarie 35 ブルーキャンドル

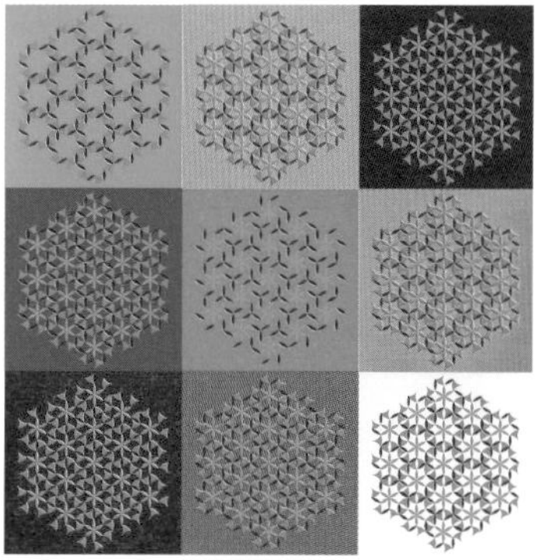

Kusarie 34 問題解決

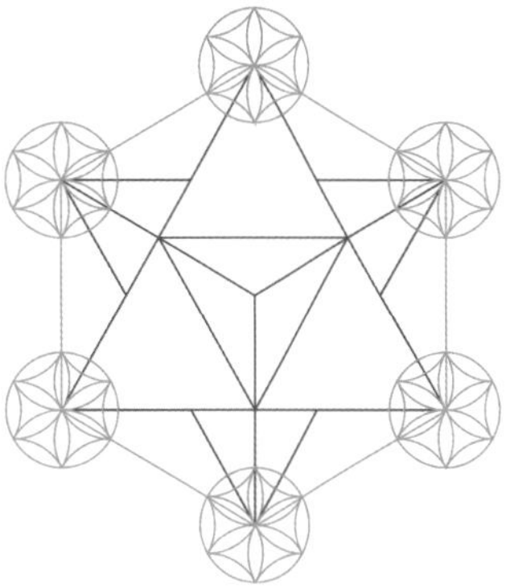
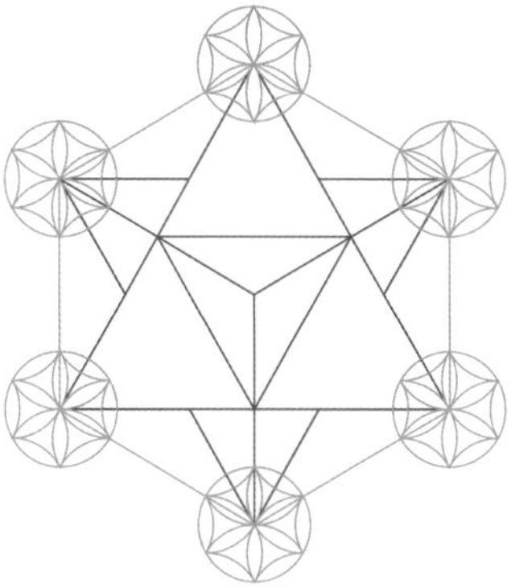
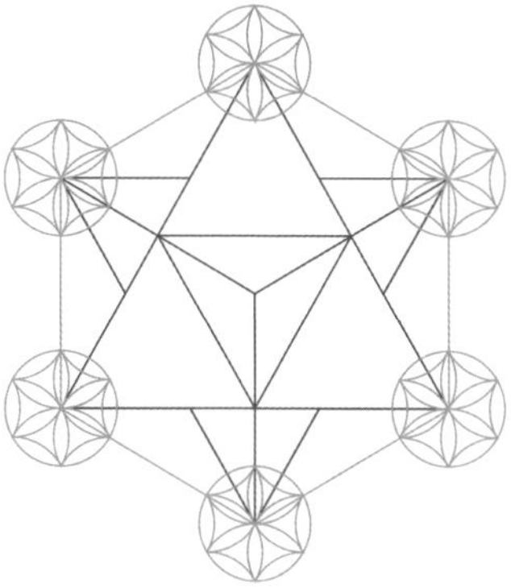
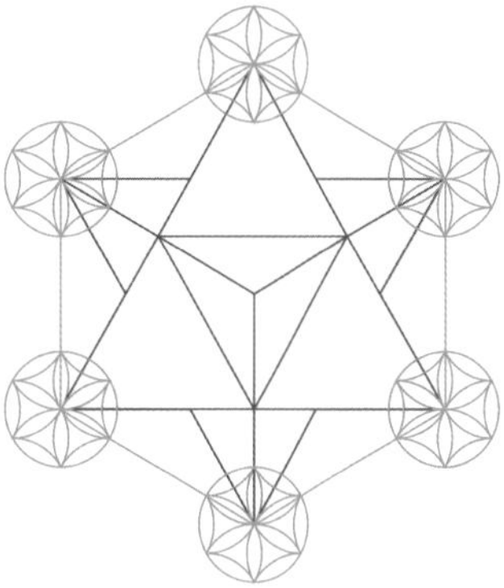
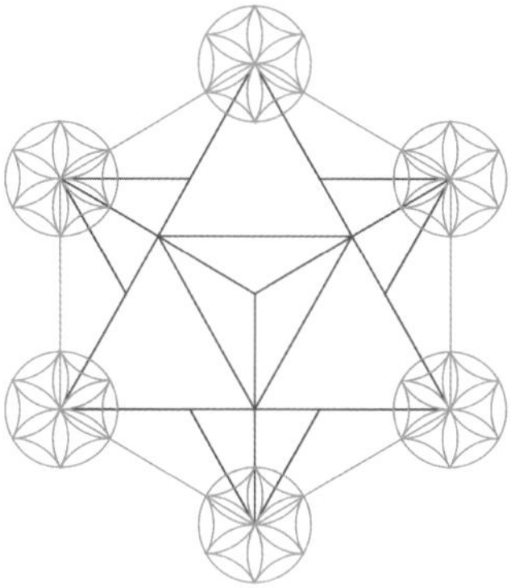
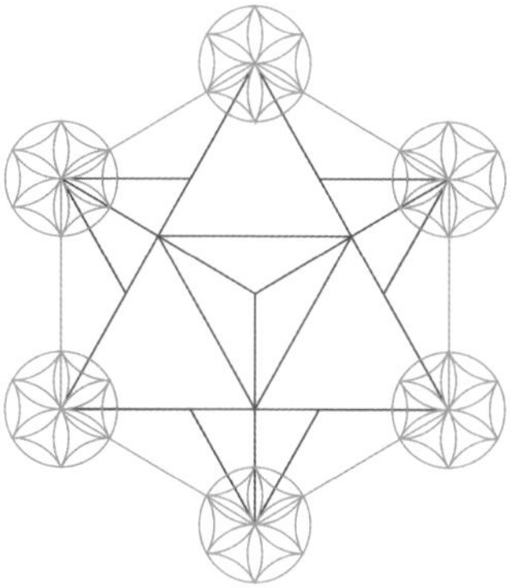
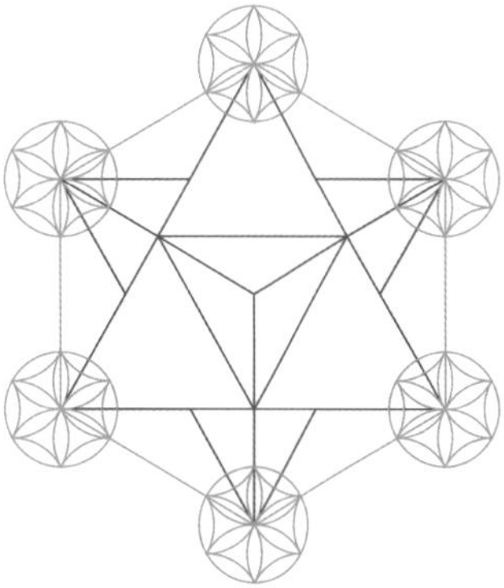
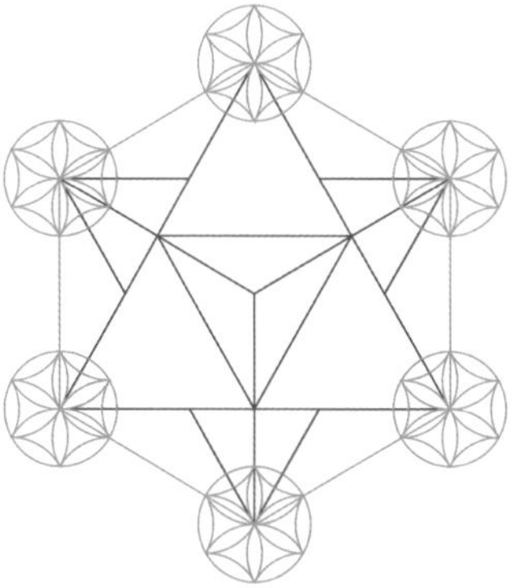
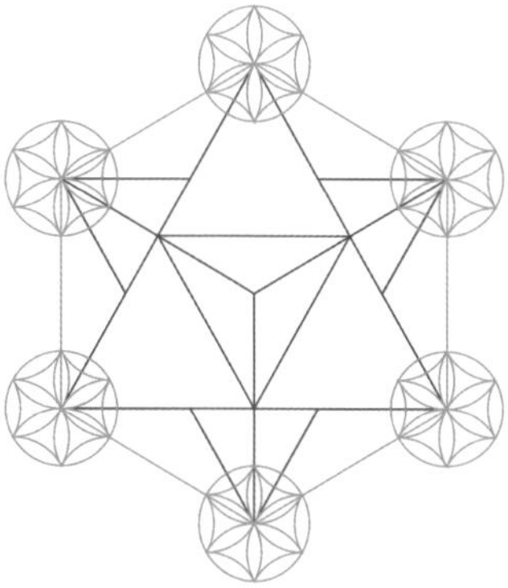

※「クスリ絵ポケットカード」の裏面に入っている絵柄は、クスリ絵のパワーを最大限に増強させます。

Kasurie 39 ホエール

Kasurie 38 ハーモナイト

Kasurie 37 奇跡をよぶ魔方陣

Kasurie 42 ガーテクト

Kasurie 41 リス

Kasurie 40 白の女王

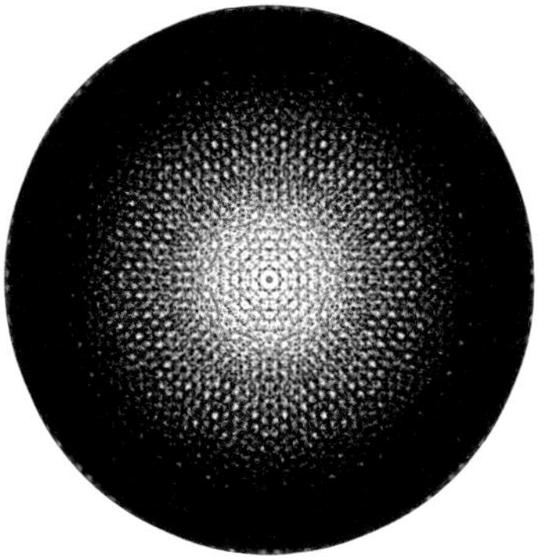

Kasurie 45 プラドー

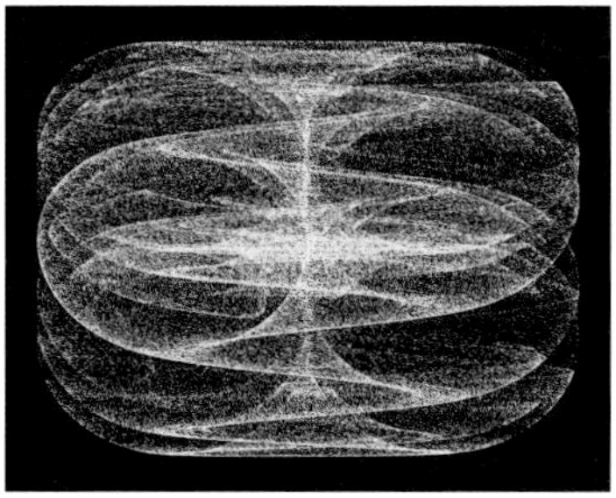

Kasurie 44 ウテルス

Kasurie 43 カラフルアイス

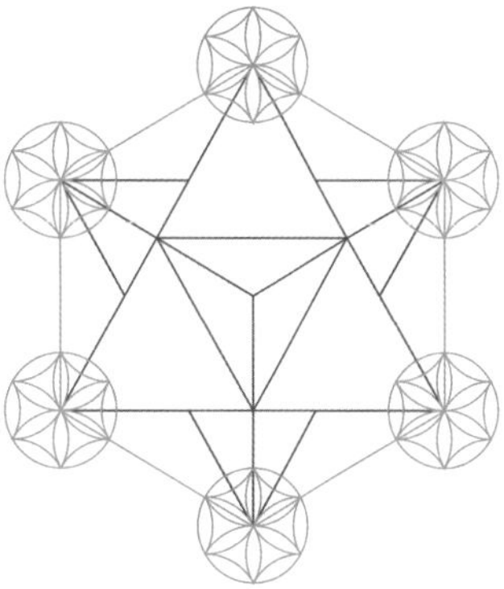
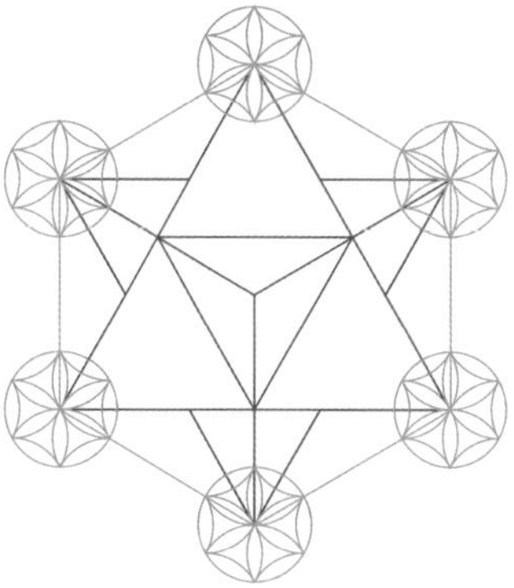
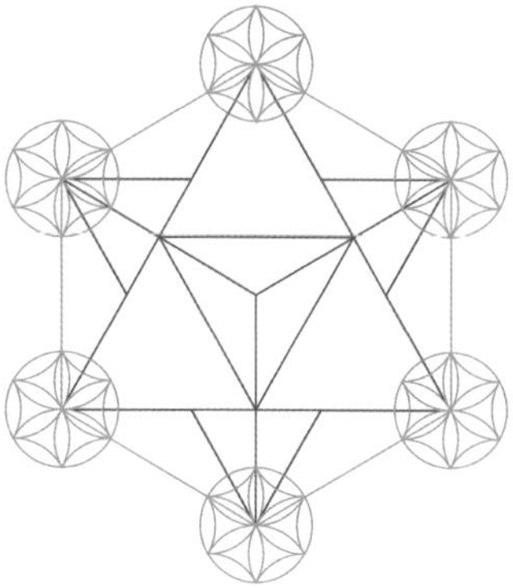
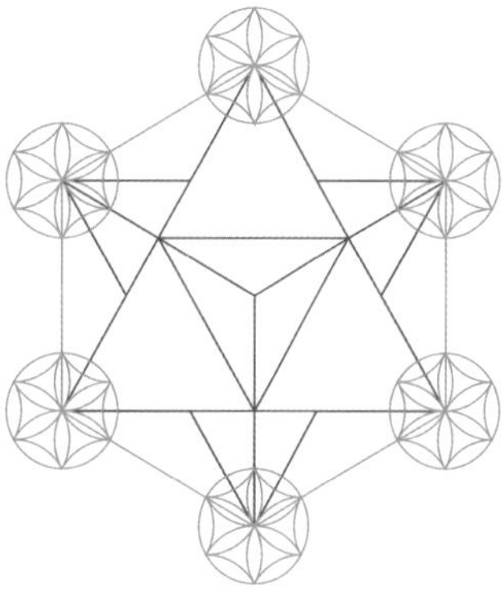
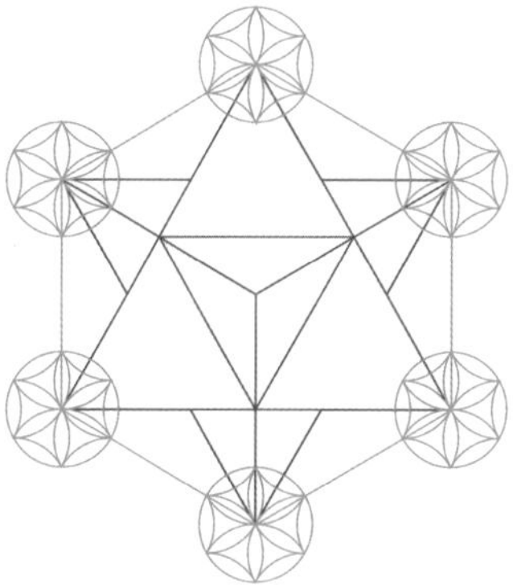
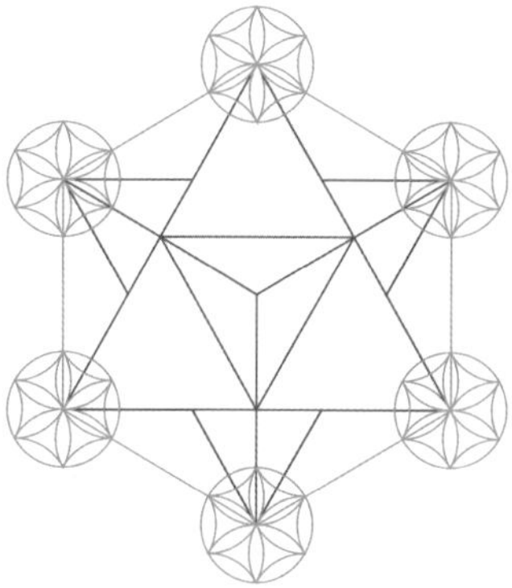
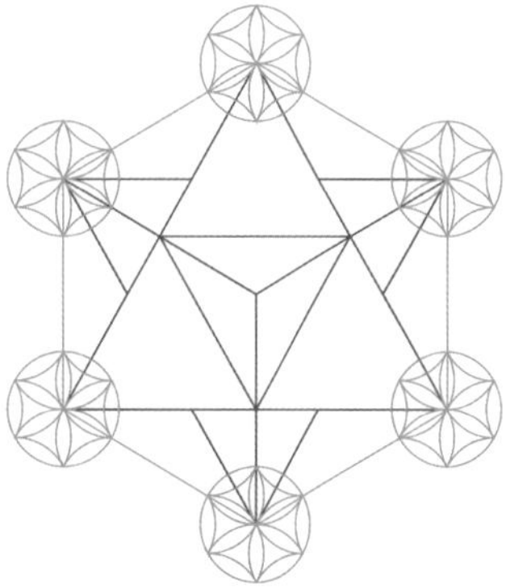
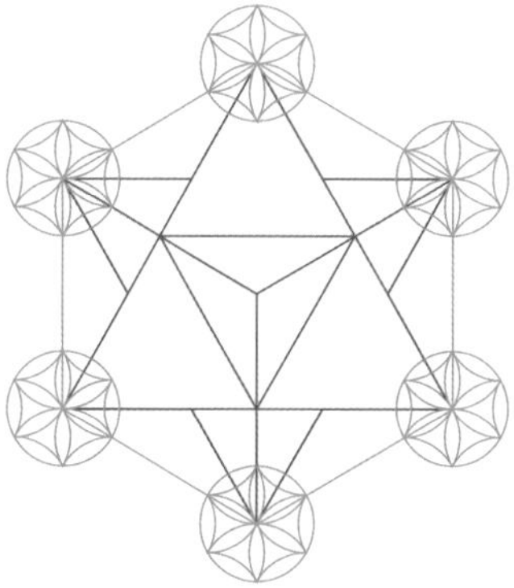
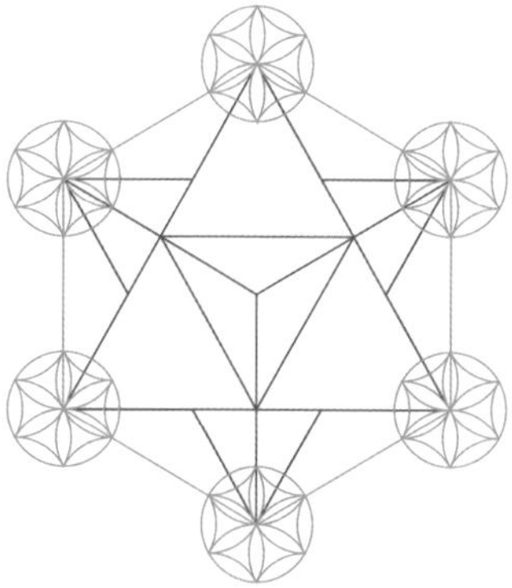

※「クスリ絵ポケットカード」の裏面に入っている絵柄は、クスリ絵のパワーを最大限に増強させます。

Kasurie 48 サンラ

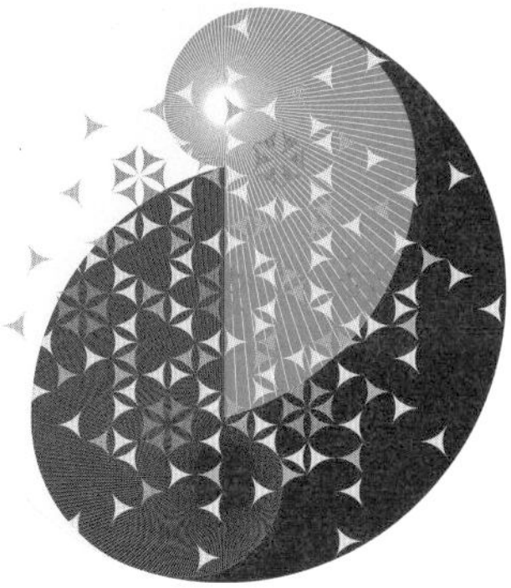

Kasurie 47 マクロコスモ

Kasurie 46 おくら∞1

Kasurie 51 リンドウ

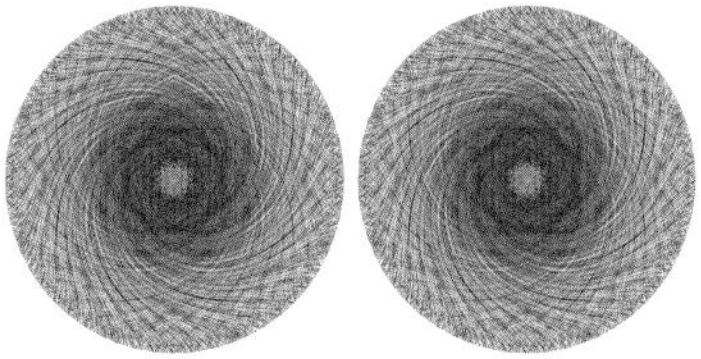

Kasurie 50 丹田気功

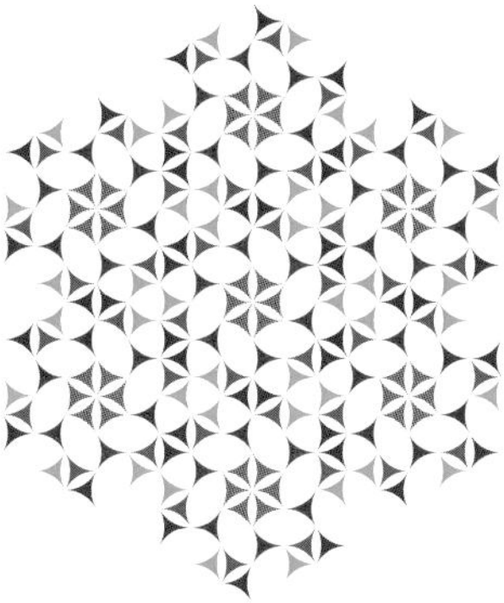

Kasurie 49 金のドラゴン

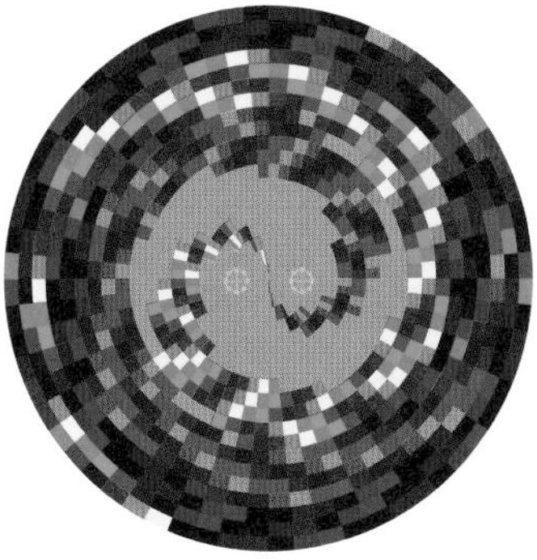

Kasurie 54 カタカムナゴールデンドラゴン

Kasurie 53 ウェアラブル

Kasurie 52 ドロセラ

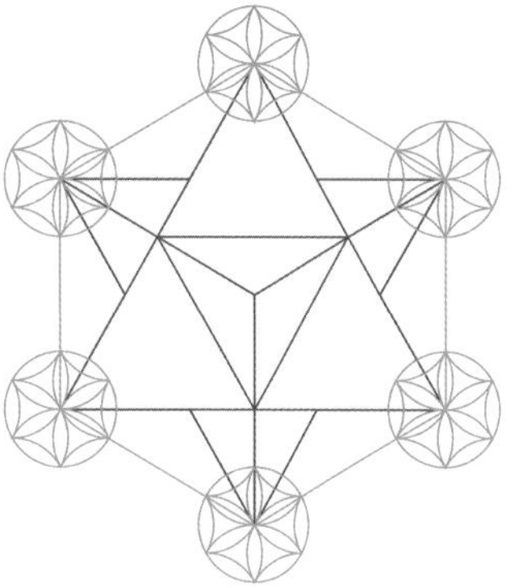
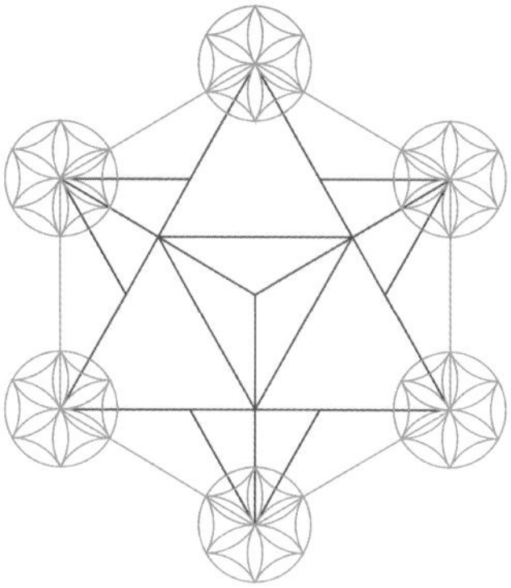
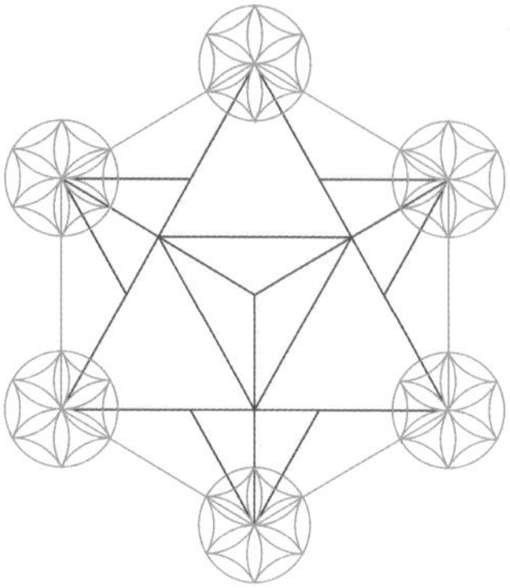
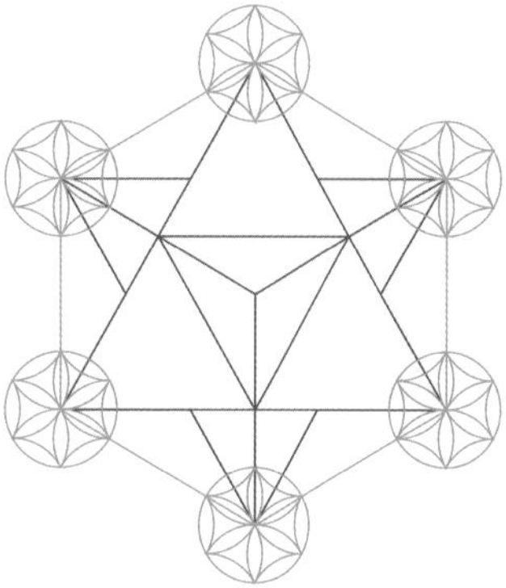
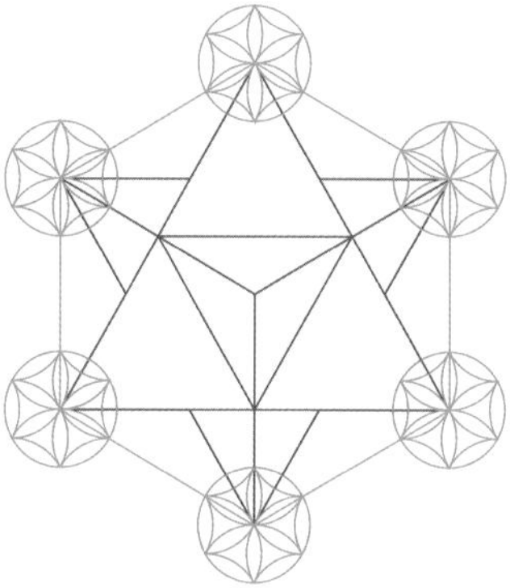
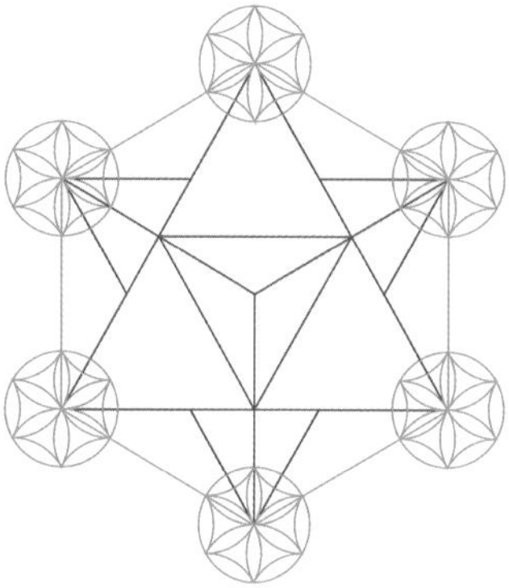
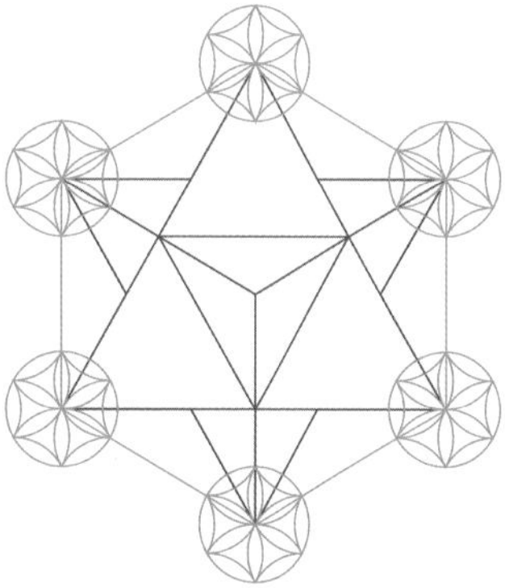
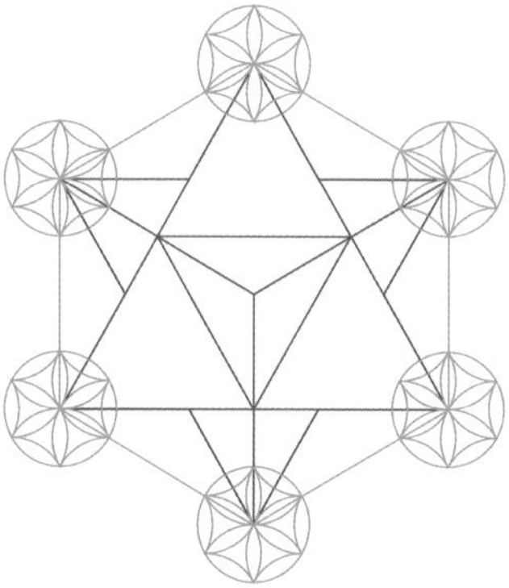
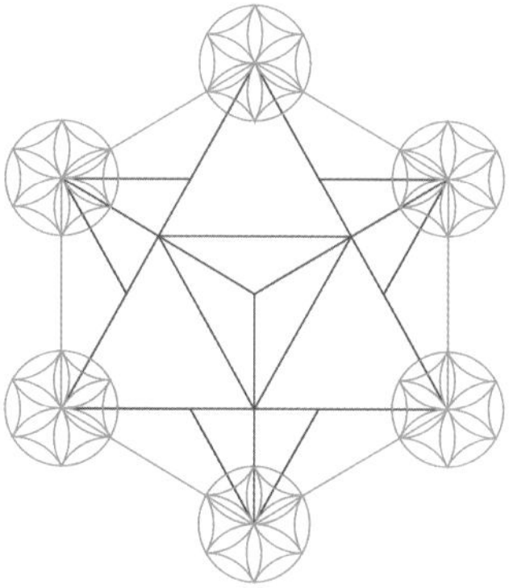

※「クスリ絵ポケットカード」の裏面に入っている絵柄は、クスリ絵のパワーを最大限に増強させます。

Kasurie 55 経理、お金の安定

Kasurie 56 ユキナ

Kasurie 57 フラビ

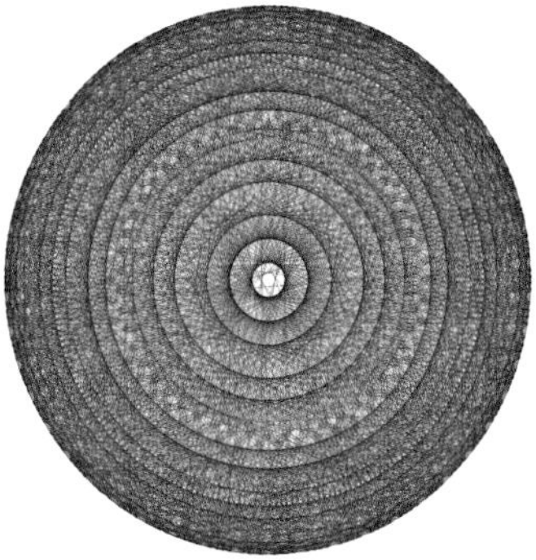

Kasurie 58 ブレストライト

Kasurie 59 エンジェルフォース

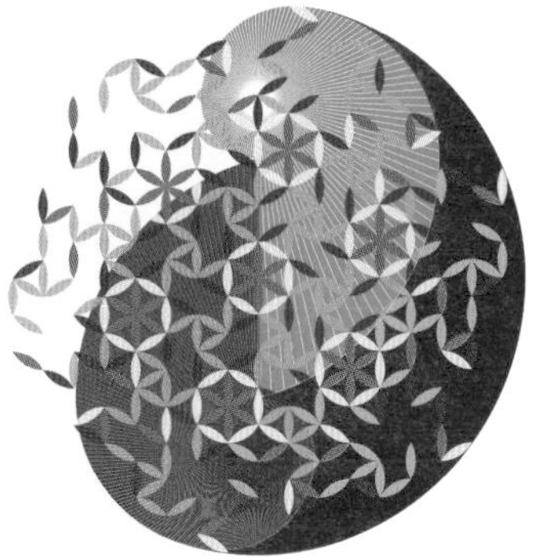

Kasurie 60 グッドグロース

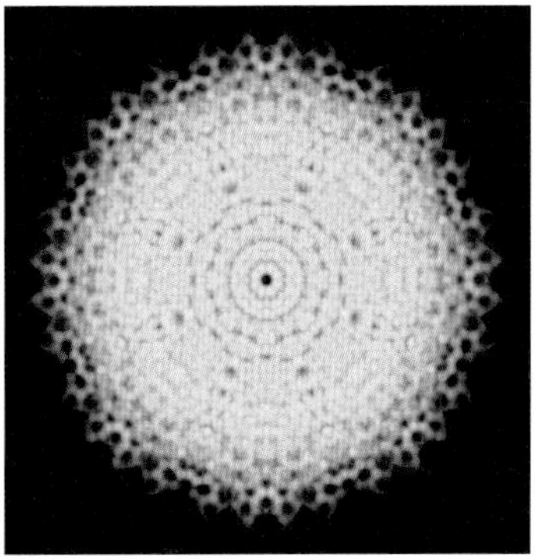

Kasurie 61 水紋

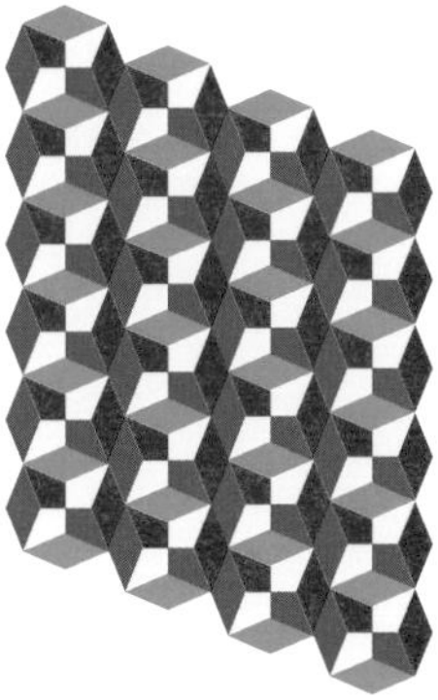

Kasurie 62 フーリン

Kasurie 63 ズーム

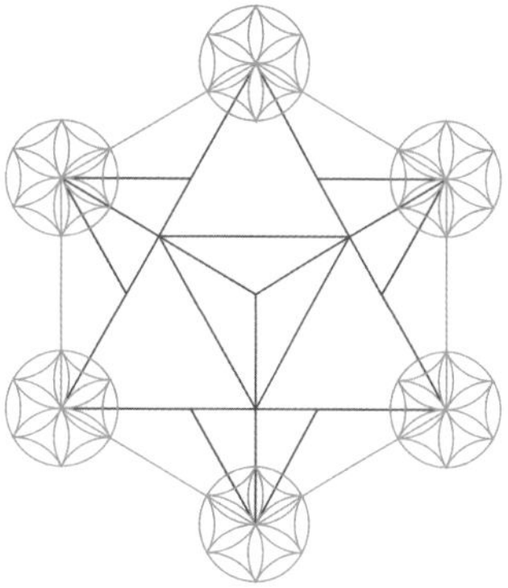
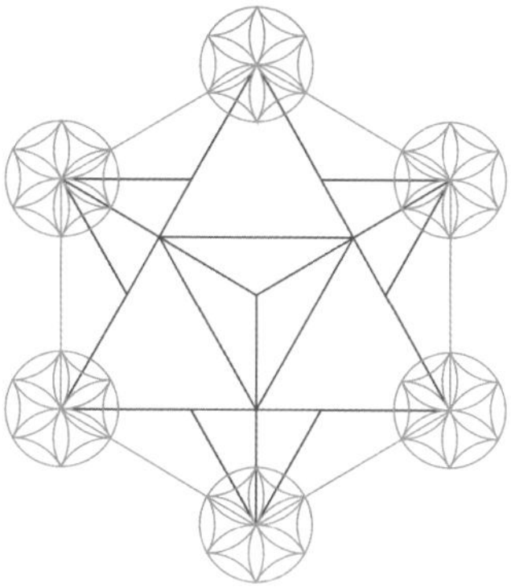
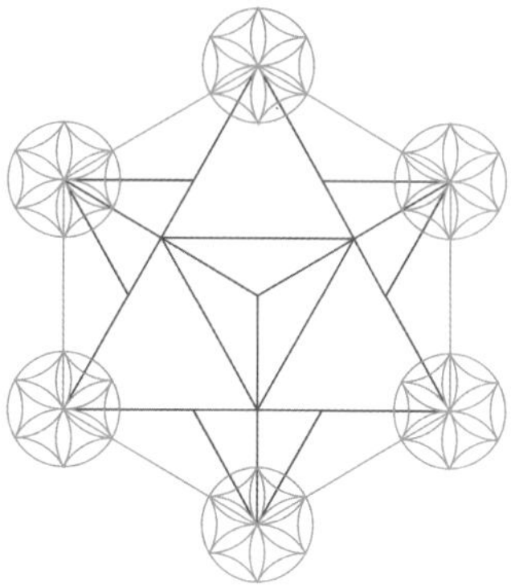
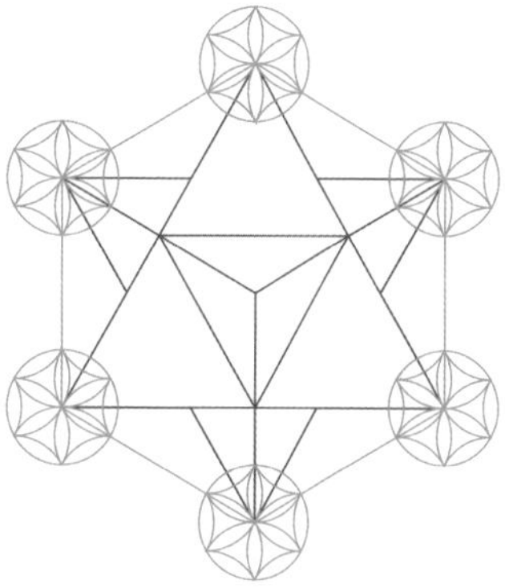
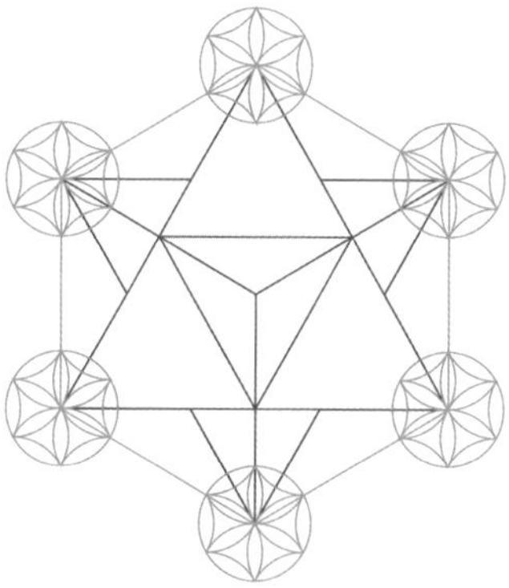
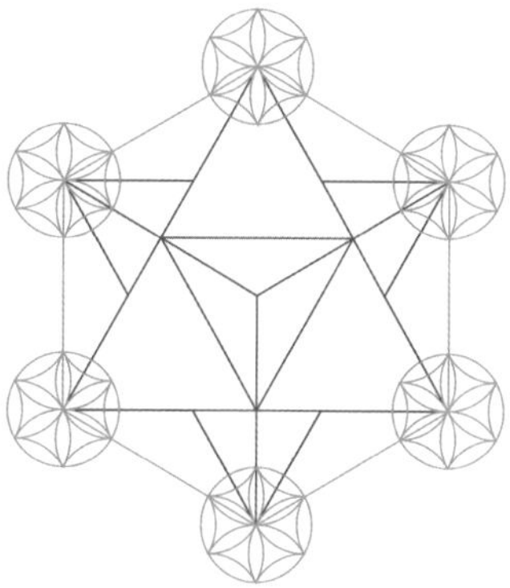
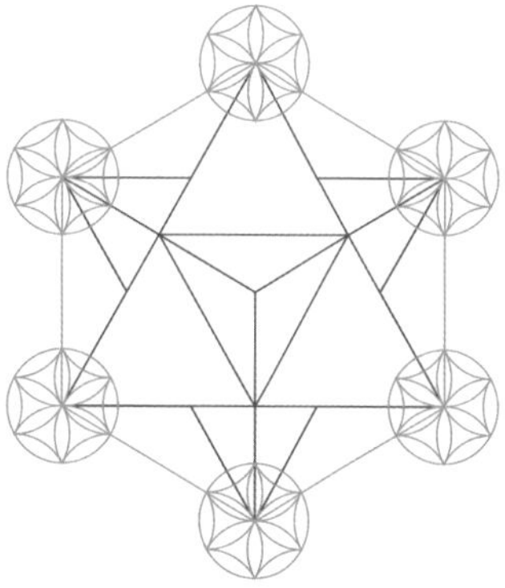
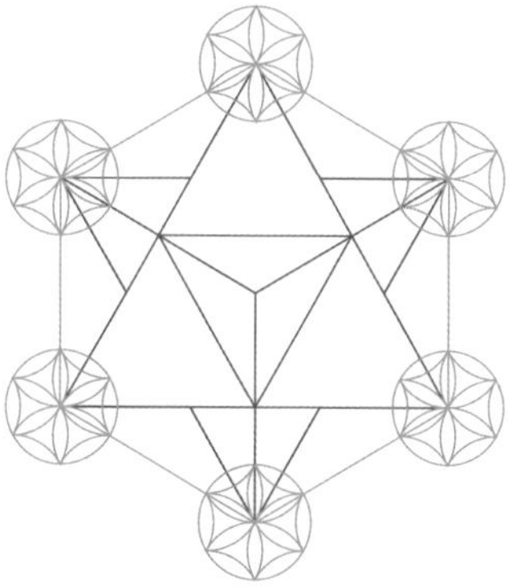
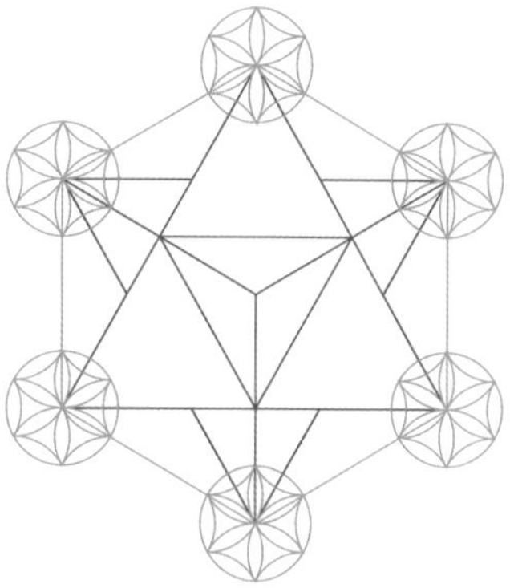

※「クスリ絵ポケットカード」の裏面に入っている絵柄は、クスリ絵のパワーを最大限に増強させます。

Kusarie 66 つみ木

Kusarie 65 フルーツブレイン

Kusarie 64 ブレインクリア

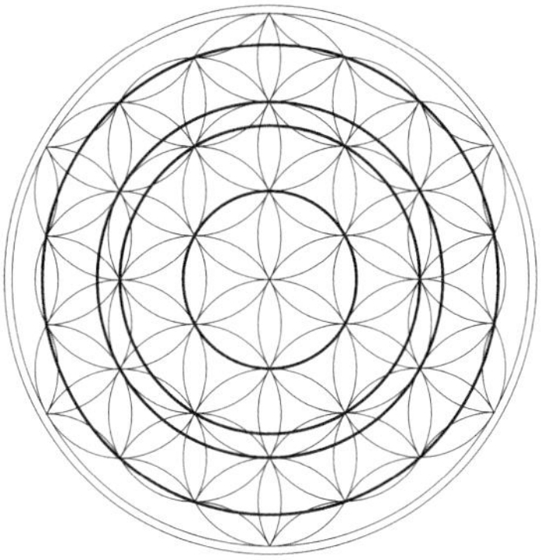

Kusarie 69 スイッチオン

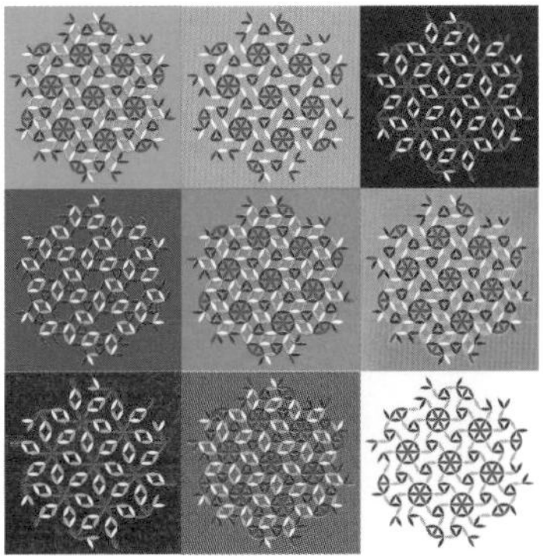

Kusarie 68 オールマイティ魔方陣

Kusarie 67 アカシックゲート

Kusarie 72 ローブ

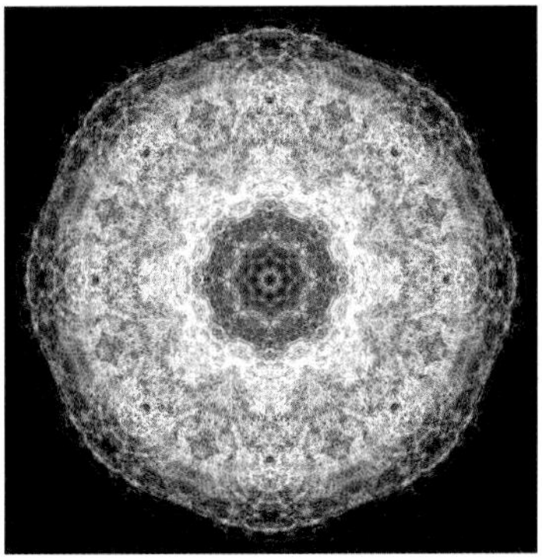

Kusarie 71 聖樹

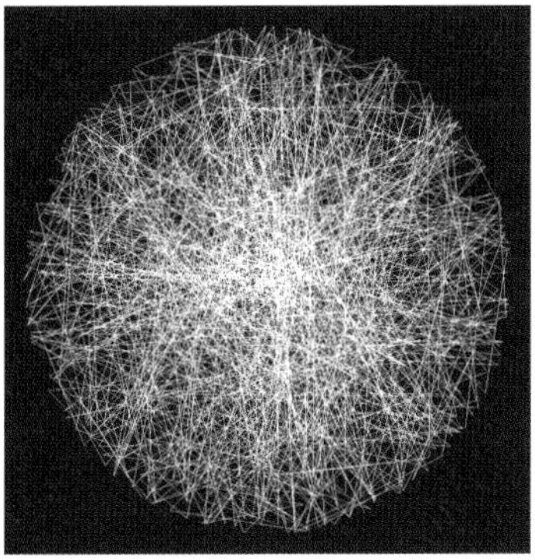

Kusarie 70 サイ

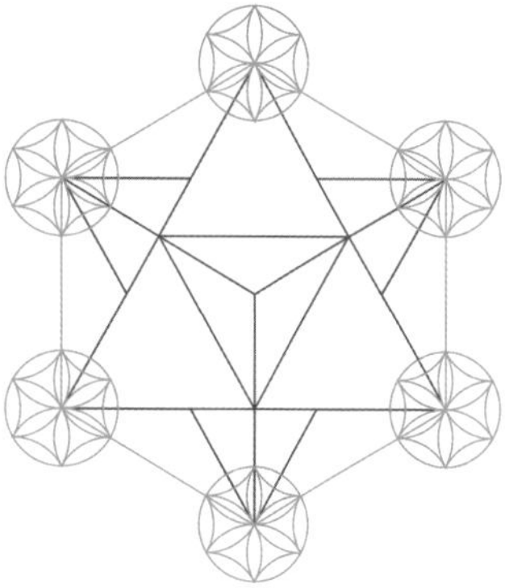
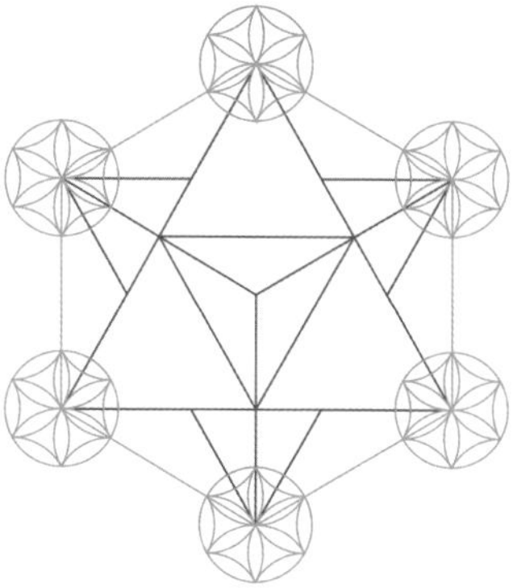
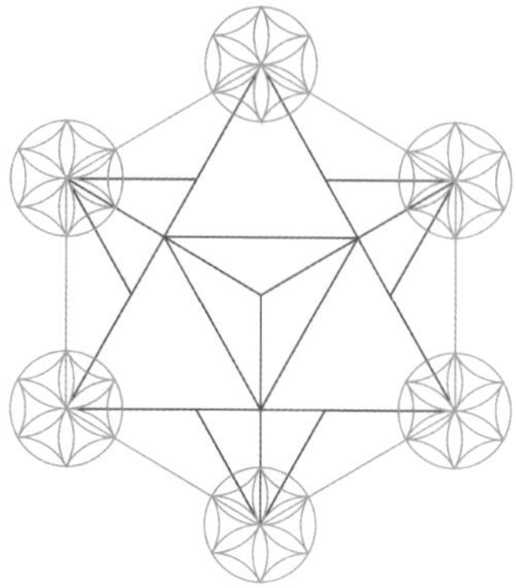
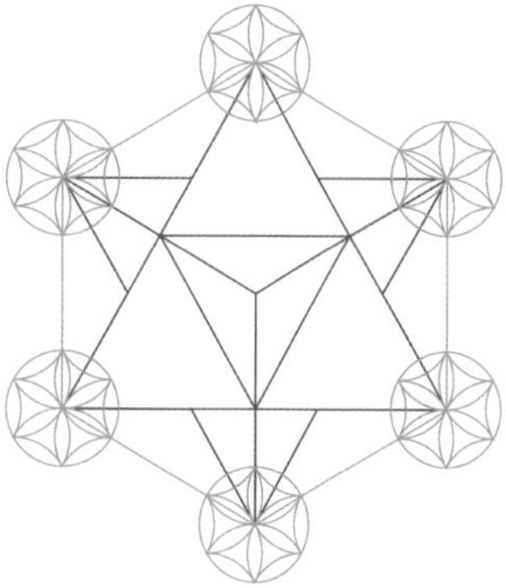
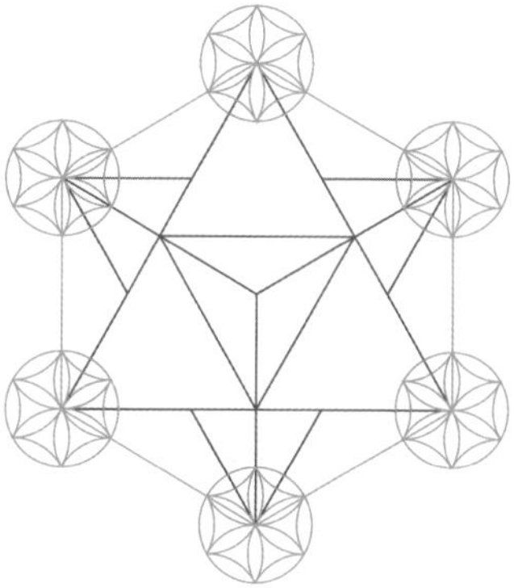
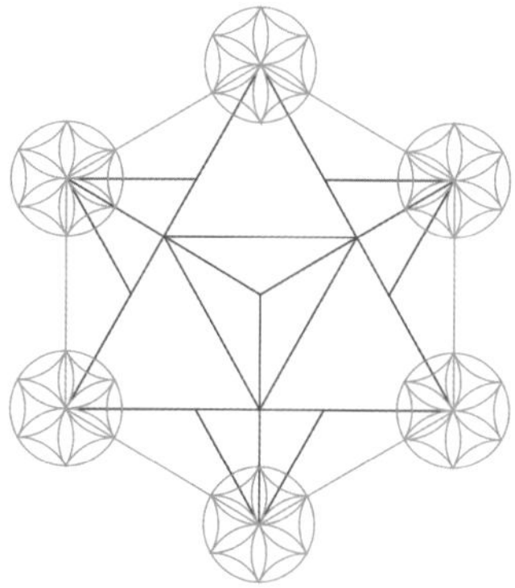
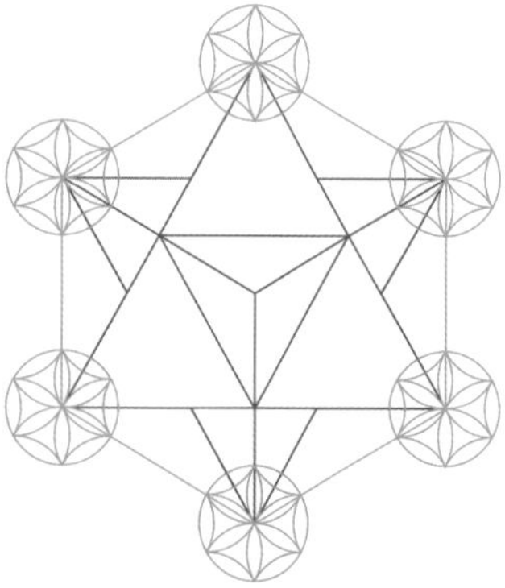
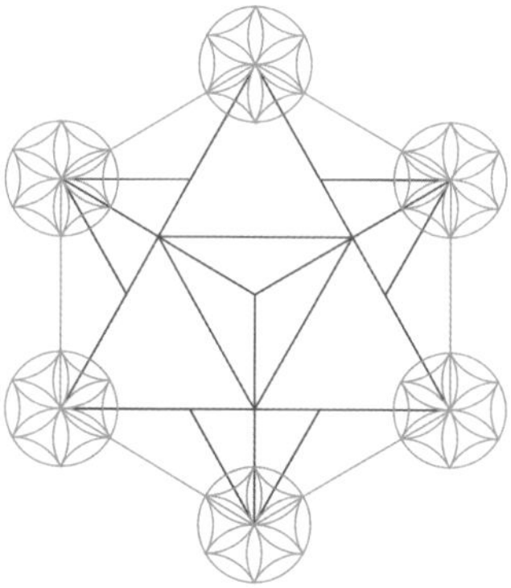
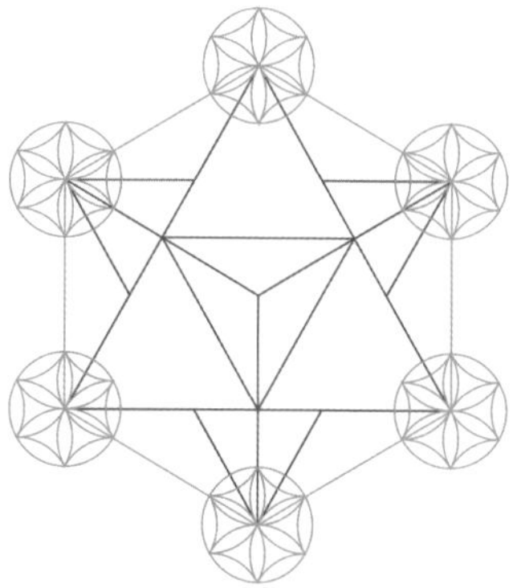

※「クスリ絵ポケットカード」の裏面に入っている絵柄は、クスリ絵のパワーを最大限に増強させます。

Kusarie 75 サテライト

Kusarie 74 64の母

Kusarie 73 リンカーン

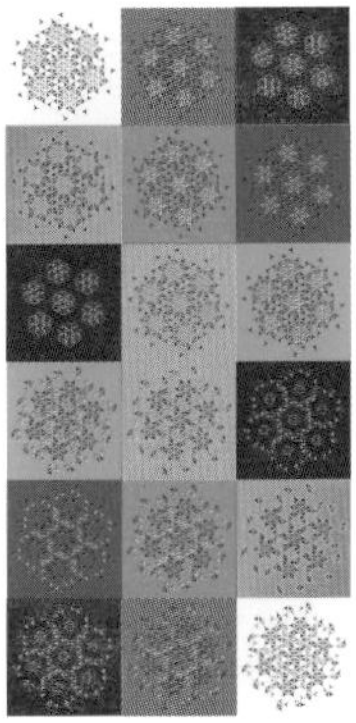

Kusarie 78 ミナミンナ♡♡

Kusarie 77 ネンド

Kusarie 76 ハートバランス

Kusarie 81 ニコット

Kusarie 80 希望

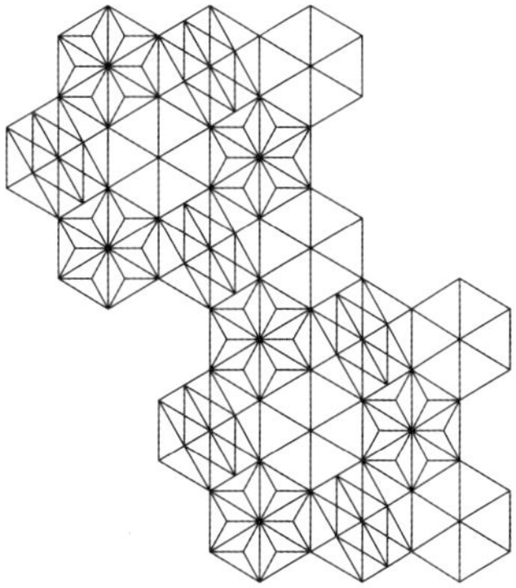

Kusarie 79 ヘキサゴン

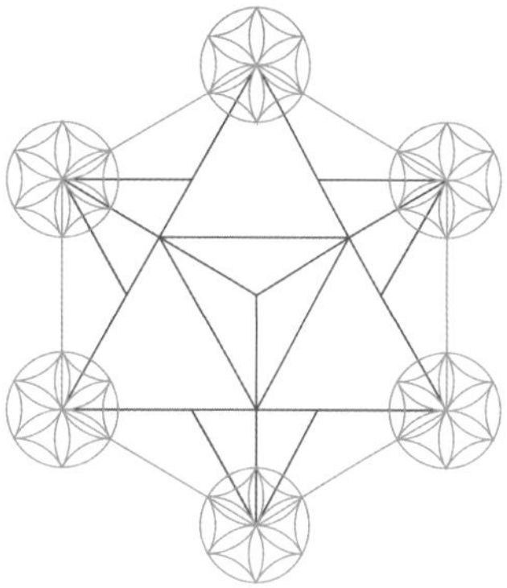
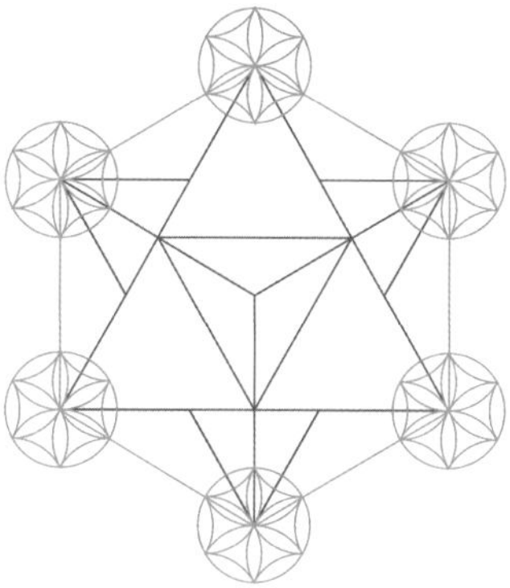
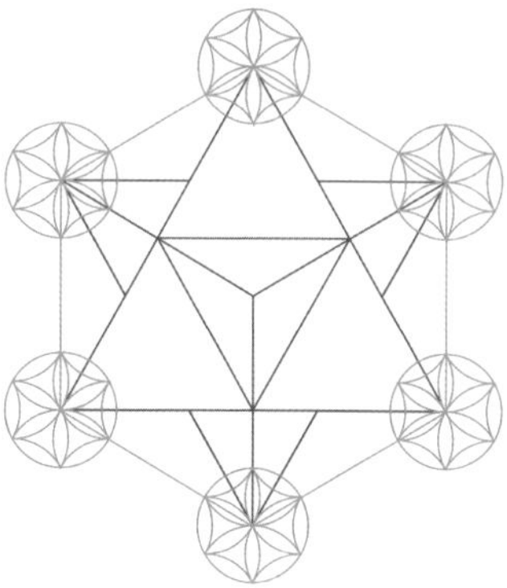
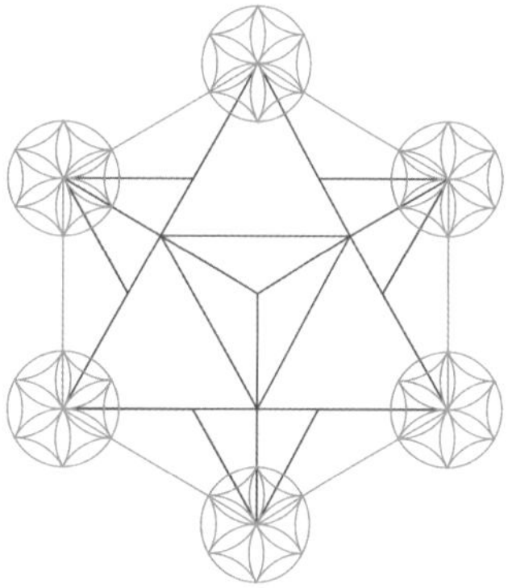
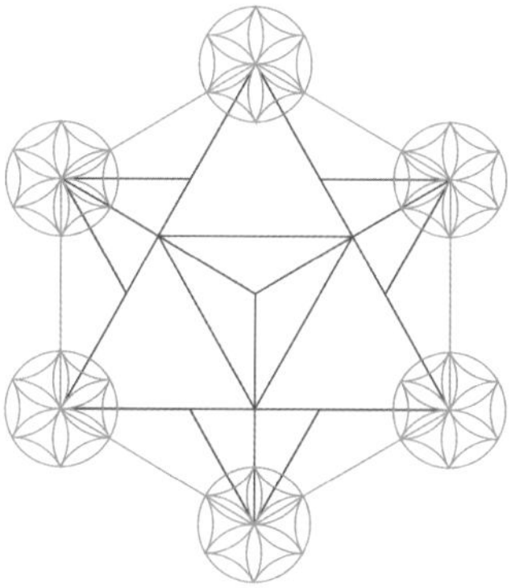
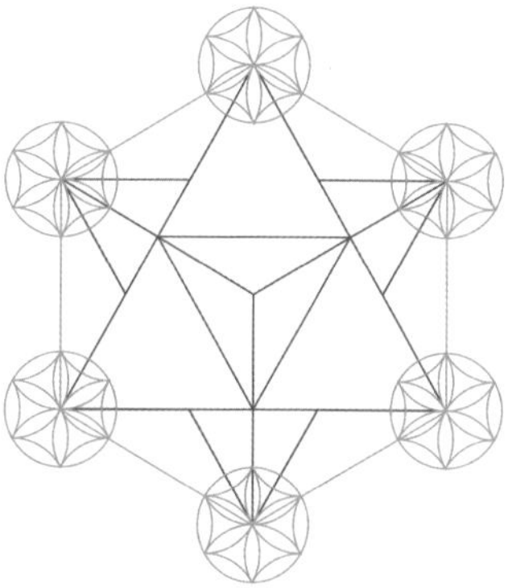
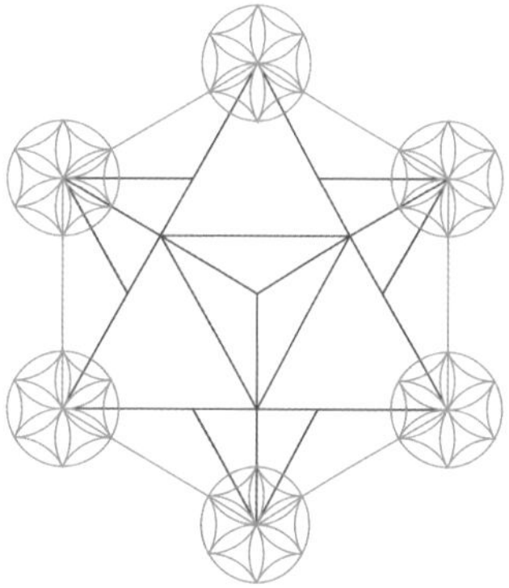
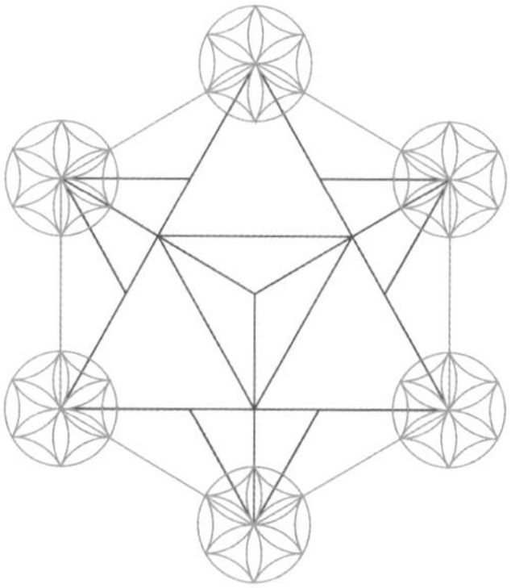
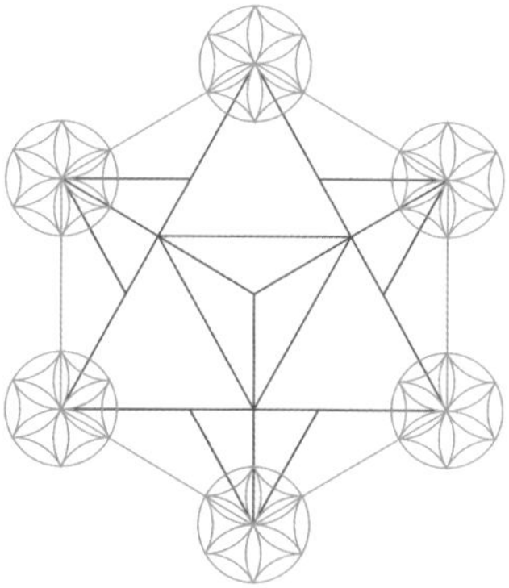

※「クスリ絵ポケットカード」の裏面に入っている絵柄は、クスリ絵のパワーを最大限に増強させます。

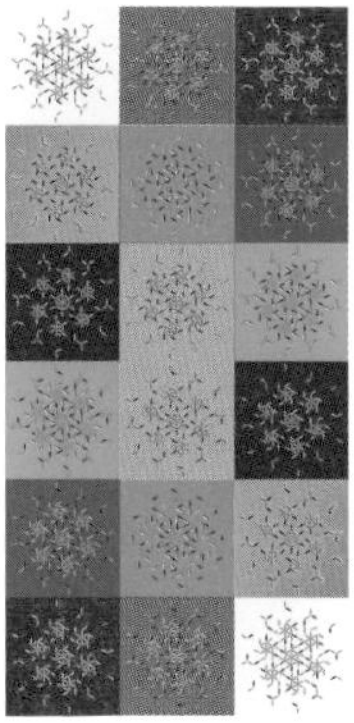

Kusurie 84 不純物の完全封印

Kusurie 83 ファイアット

Kusurie 82 光輪

Kusurie 87 フィルター

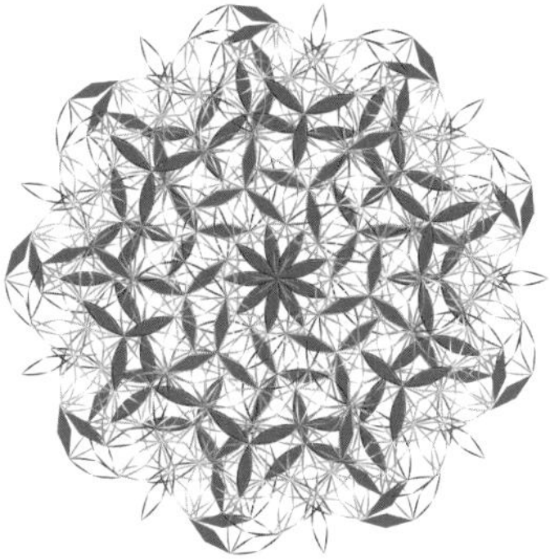

Kusurie 86 ゲイン

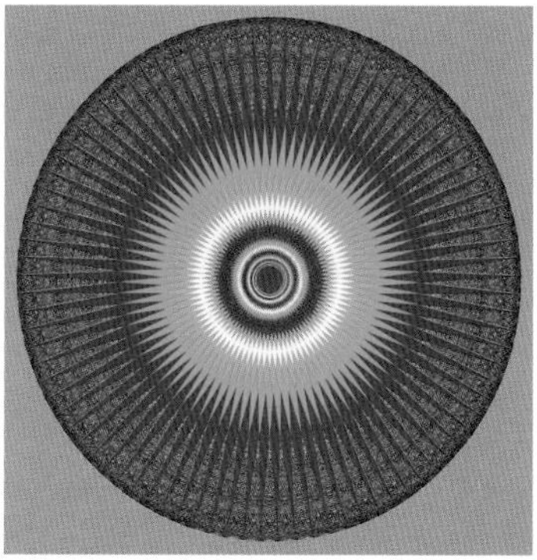

Kusurie 85 ゴールデンマンダラ89

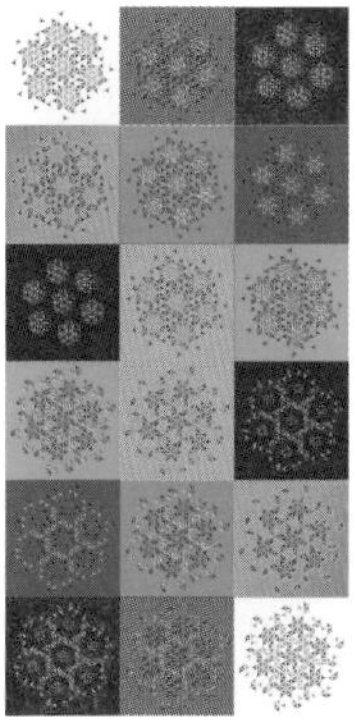

Kusurie 78 ミナミンナ♡♡

Kusurie 59 エンジェルフォース

Kusurie 88 潜在意識の調和

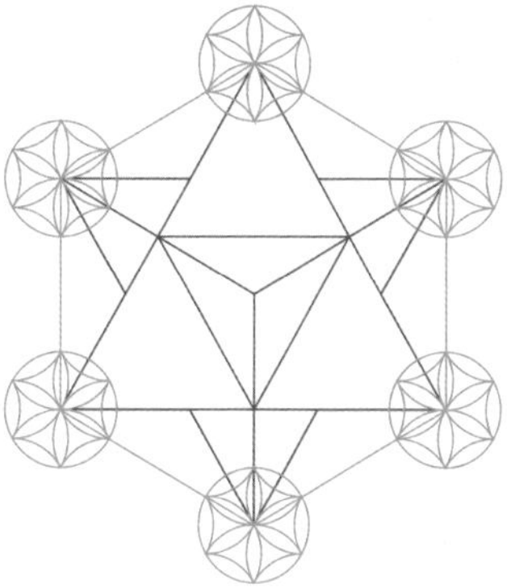
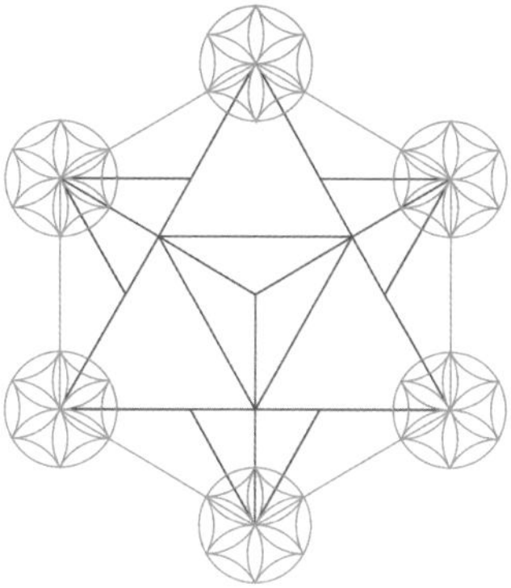
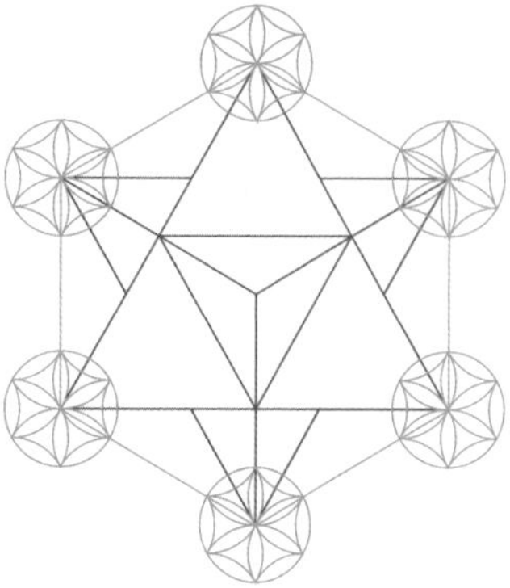
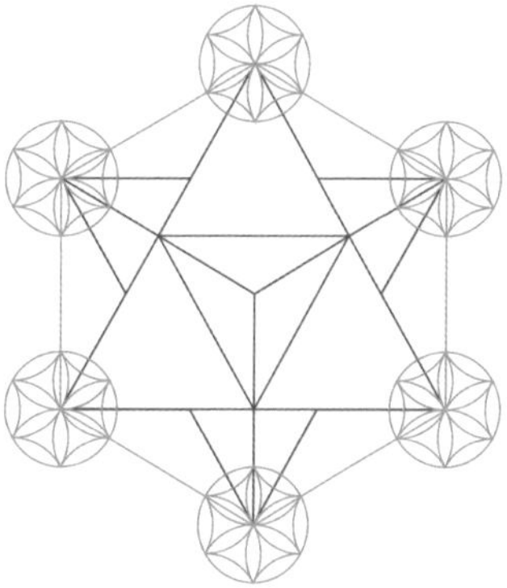
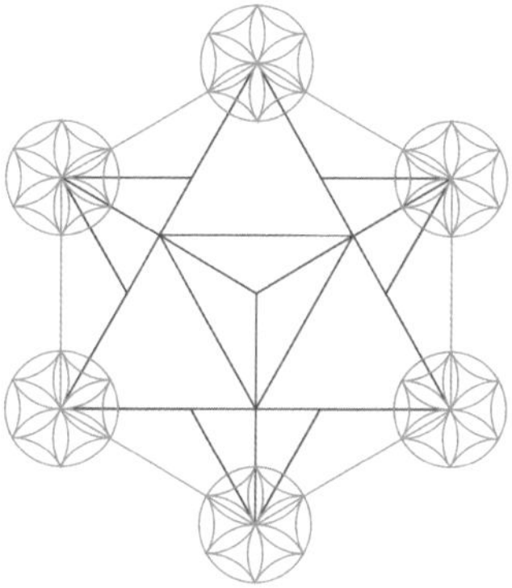
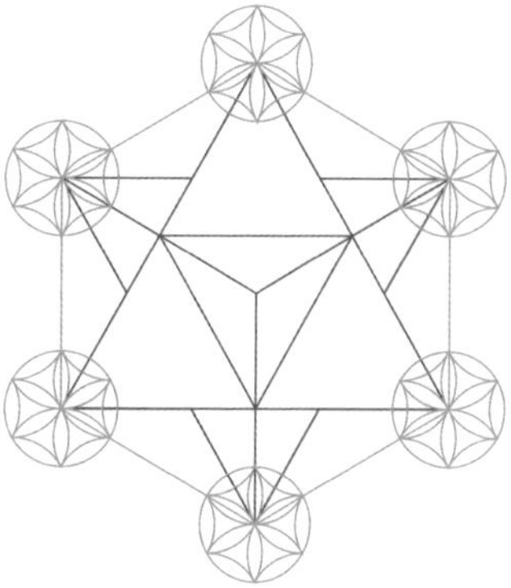
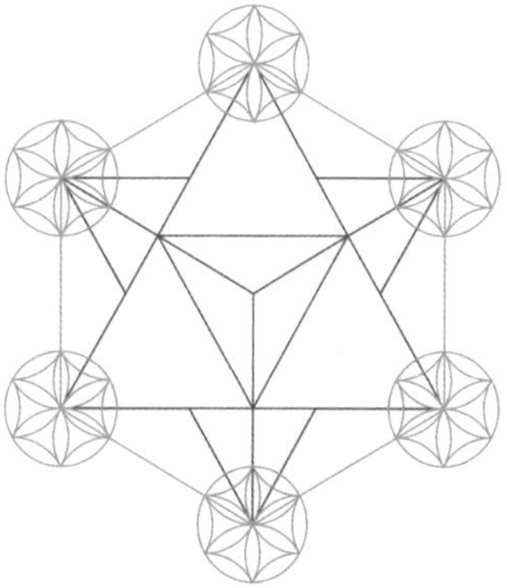
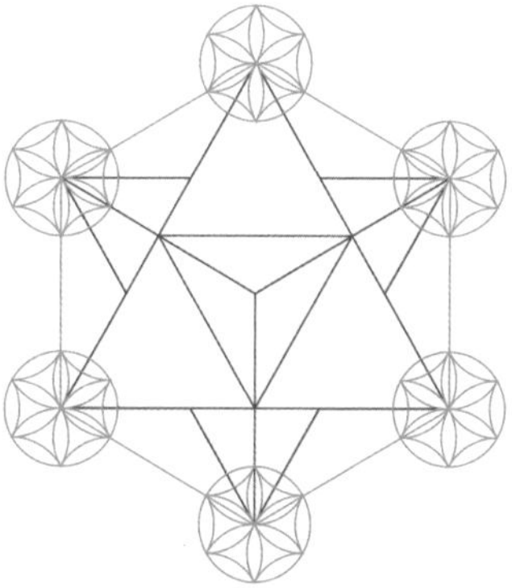
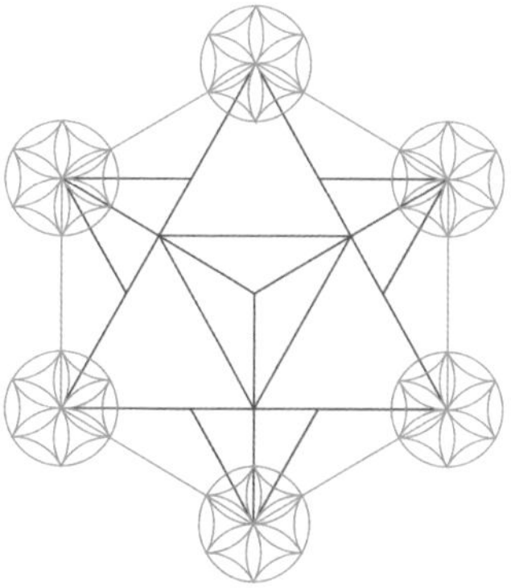

※「クスリ絵ポケットカード」の裏面に入っている絵柄は、クスリ絵のパワーを最大限に増強させます。